패러다임의
변화와 전략을 가지라

패러다임의 변화와 전략을 가지라

원팔연 목사와 바울교회 이야기

지은이   정원영

발행일   2019년 12월 10일
발행처   CESI 한국전도학연구소
편 집   이환희
디자인   디자인스웨터
주 소   전라북도 군산시 백릉로 162 1-1108호
전 화   010-5955-7080
홈페이지   http://www.cesi.or.kr
쇼핑몰   http://www.evangelism.co.kr
보 급   CESI 한국전도학연구소
인 쇄   삼영사

ISBN 979-11-965037-2-7 (03230)

잘못된 책은 구입처에서 교환해 드립니다.
책값은 뒤표지에 있습니다.

패러다임의 ___ 변화와 전략을 가지라

원팔연 목사와
바울교회 이야기

정원영 지음

제1장

원팔연
목사와
바울교회를
말하다

제2장

목회와
패러다임의
변화를
말하다

원팔연 목사 약력

원팔연 목사는 1948년 4월 8일 전북 순창군 동계면 이동리에서 출생하였다. 1969년 1월 전주 해성고등학교를 졸업하고 1976년 2월 성결대학교 신학과를 졸업한 후 1993년 2월 서울신학대학교 목회대학원에서 공부하였다. 이후 리버티 신학대학원에서 목회학박사를 취득하였으며 2008년 2월에는 한영신학대학교 명예 목회학박사를 취득하였다.

1965년 3월 전주성결교회에서 신앙에 입문하여 이후 1967년 4월 세례를 받고 1980년 5월 14일 기독교대한성결교회 제74회 총회에서 목사안수를 받았다. 처음 경남서지방회 삼천포 신흥교회와 천덕교회에서 전도사로 시무하였으며 이후 전주교회에서 전도사로 시무하다가 목사안수를 받은 후 부목사로 시무하였다. 그리고 정읍성결회 담임목사로 시무한 후 1985년 2월에 지금의 바울교회로 부임하여 2017년 11월 26일까지 33년의 성역을 마치고 45년간의 목회 일정을 은혜롭게 마감하였다.

주요 경력으로는 지역사회에서도 큰 역할을 감당하였는데 도민일보 이사, 전주경찰서 경목위원, 민주평화통일 자문위원회 위원뿐 아니라 전라북도 갈등조종위원회 위원을 역임하였다. 또한 우간다 쿠미대학 이사 및 총장을 수행하고 국제적인 교육 사업에도 역점을 두고 활동하였다. 뿐만 아니라 전주시 기독교연합회 회장 및 전라북도 기독교연합회 회장을 역임하고 미래목회포럼 교단회장으로 참석하는 등 교단 외적인 사역에서도 최선을 다해 교단의 위상을 높이는 데도 열심을 다하였다. 교단 내적인 사역으로는 전주지방회 회장 및 교단의 여러 중책을 역임하였을 뿐 아니라 제18대 서울신학대학교 이사장을 역임하고 교단 부흥사협의회 대표회장을 역임하는 등 학교의 발전과 교단의 발전을 위해 열심을 다하였다.

저서로는『그날의 아픔이 있었기에』(2006),『포기와 순종』(2006),『바울교회에서 보내는 행복한 메시지』(2006),『사순절 묵상집』(2007),『천하보다 더 소중한 것은』(2008),『결코 우연은 없습니다』(2008),『인생의 밤이 오기 전에』(2008)와 교단 가정예배서인『날마다 말씀 따라』(공저, 2009) 등이 있다.

■ 2010년 바울교회 모습

바울교회 연혁

(바울교회 홈페이지 및 35년사 자료)

1982. 8. 29	전주시 다가동 김복희 집사 댁에서 김규남, 윤택수, 김복희, 강청자, 김은혜, 소개자, 정정자 일곱 집사가 모여 예배를 드리기 시작하여 전주시 중앙동에 기독교대한성결교회 동전주교회 설립
1983. 1. 7	최병탁 전도사 부임
1983. 5. 11	최병탁 전도사 목사안수
1983. 6. 7	제1대 최병탁 목사 취임(1984. 12. 31 전임)
1985. 2. 14	제2대 원팔연 목사 부임
1985. 11. 7	임실 부활산 임야 6,296평 매입(임실읍 이인리 산 7, 7-2)
1986. 1. 10	성전 이전 입당예배(중앙동 4가 16-2)
1986. 9. 29	장로취임: 이충근(전임), 김창섭(고)
1987. 12. 27	제1회 장로장립: 김석환, 박연석(전임), 김규남
	권사취임: 김복희, 진보경
1991. 5. 12	성전 입당예배(서완산동 교회건축)
	제2회 장로장립: 조정태(전임), 송석일(전임), 조남종(전임)
	장로취임: 홍순욱
	권사취임: 은명자, 최정순

1991. 11. 28	교회대지 349평 매입(서완산동1가 85-1)
1993. 8. 17	교회대지 835평 매입(서완산동1가 80-2 외 9필지)
1994. 3. 20	제3회 장로장립: 정화택, 심인섭, 김병한, 윤진국(전임)
	권사취임: 길순자 외 18명
1994. 9. 7	교회대지 46평 매입(서완산동1가 80. 198-1)
1995. 11. 21	교회대지 366평 매입(서완산동1가 55-111 외 3필지)

1997. 6. 9	교회대지 943평 매입(서완산동1가 87 외 7필지)
1997. 10. 25	목사위임식 위임목사: 원팔연 목사
	제4회 장로장립: 이경주(고), 송진호, 전주승(전임), 한상호, 송기진, 황경한, 봉현일
	권사취임: 김금남 외 16명
	명예장로추대: 김창섭(고), 김석환
1998. 3. 2	성전건축공사 기공예배
1998. 4. 8	교회대지 124평 매입(서완산동1가 214, 효자동1가 55-24)
1998. 4. 26	장로취임: 이복렬
1999. 5. 16	성전건축 상량예배
1999. 11. 13	바울교회로 교회명칭 변경, 새성전 입당감사예배
	제5회 장로장립: 전영칠, 최동완, 이상환(고), 강창균
	장로취임: 박청수
	권사취임: 공순영 외 26명

2000. 5. 6	새성전 준공예배(대지 2,742평/건평 1,572평)
2000. 6. 27	교회대지 75평 매입(서완산동1가 79-2)
2000. 7. 19	교육관 기공예배
2001. 2. 12	교육관 준공예배(대지 670평/건평 738.5평)
2002. 9. 27	기독교대한성결교회 제96년차 교단정기총회 바울교회에 유치
2002. 10. 20	교회 설립 제20주년기념 예배당, 교육관 헌당예배
	제6회 장로장립: 이희영, 양병렬, 유영준
	장로취임: 홍성식, 온광열
	권사취임: 강연자 외 26명
2003. 8. 4	폴빌리지 교역자생활관 매입(서완산동2가 74-2, 74-27 대지130평/건평 200평)
2003. 8. 17	교회대지 336평 매입(서완산동1가 81 외 3필지)

2004. 6. 22	기독교대한성결교회 제98년차 교단정기총회 바울교회에 유치
2004. 7. 30	사회복지법인 바울복지재단 설립허가 취득
	초대이사장 원팔연 목사 취임
2004. 8. 13	바울어린이집 착공예배
2004. 5. 4	교회대지 69평 매입(서완산동1가 102-1, 104-2)
2005. 1. 4	바울어린이집 준공 및 개원예배(대지 179평/건평 314평)
2005. 5. 1	제7회 장로장립: 이성완(목사안수 후 전임), 유환창(전임), 신문섭,
	박종호, 서동수, 이우주, 조상건, 김종현, 정규환, 임정훈
	장로취임: 이희성, 송태신, 윤주한
	권사취임: 강순자 외 73명
	집사안수: 강남용 외 41명
2006. 11. 1	교회대지 72평 매입(효자동1가 56-4)
2006. 11. 19	서울신학대학교 이사장 원팔연 목사 취임
2006. 12. 21	제2교육관 대지 129평/건평 124평 매입(서완산동1가 52)
2007. 3. 15	교회대지 152평 매입(효자동1가 56-5, 58-3)
2007. 11. 16	교회대지 47평 매입(효자동1가 56-7)
	교회 총대지 합계면적 11,729m^2(3,548평)
2007. 11. 28	교역자생활관 대명까치맨션ⓐ 합계 6개 매입
	101동 ① 313호, 102동 ① 312호, ② 1107호, ③ 1305호, ④
	1312호, ⑤ 1412호(효자동1가 48-2, 전용면적 59.85m^2/24평형)
2008. 5. 11	제8회 장로장립: 김창락, 조찬익, 정규환, 이공희, 양용문, 김봉
	기, 서정권, 임경겹, 김재홍
	장로취임: 김영문, 최정광, 나기수
	권사취임: 강길순 외 120명
	집사안수: 강창호 외 50명
	명예장로추대: 홍순욱, 송진호
2008. 6. 15	교회대지 82평 매입(효자동1가 56-6)
2008. 7. 3	교회대지 121평 매입(서완산동1가 104, 104-1, 104-3, 104-4)
2008. 8. 5	교회대지 56평 매입(서완산동1가 50, 85-2, 효자동1가 59-8)
2008. 10. 17	교회대지 55평 매입(서완산동1가 85-14)
	교회 총대지 합계면적 12,773m^2(3,863평)
2009. 3. 8	장로취임: 조정태, 김수봉

2009. 5. 27	기독교대한성결교회 제103년차 교단총회 부총회장 원팔연 목사 피선
2010. 5.	교회대지 1,008평 매입(서완산동1가 103, 103-2, 192, 192-3, 200) 교회 총대지 합계면적 16,102m²(4,871평)
2010. 5. 25	기독교대한성결교회 제104년차 교단정기총회 바울교회에 유치
2010. 5. 26	기독교대한성결교회 제104년차 교단총회에서 총회장 원팔연 목사 피선
2011. 11. 30	교회대지 895평 매입(서완산동1가 106, 618, 효자동1가 121, 678-1)
2011. 12. 29	교회창립 제30주년기념 선교문화센터 신축기공예배(2012. 10. 16 준공 예정) 건축규모: 대지 6,294m²(1,903평), 연건평 9,424m²(2,850평) 지하1층, 지상7층
2012. 2. 3	교회대지 94평 매입(효자동1가 60-1, 678-2) 교회 총대지 합계면적 18,373m²(5,558평)
2012. 4. 22	제9회 장로장립: 반석훈, 이중석, 이용만, 조현채, 홍봉춘, 이명철, 최영도, 홍지오, 정호만, 김수열, 노재종, 이태영, 박석태, 정종암, 박창군, 류복렬, 이유엽, 이종명, 김형태, 김순기 장로취임: 김종선 권사취임: 강경숙 외 144명 집사안수: 권영하 외 52명 원로장로추대: 김규남 명예장로추대: 정화택, 심인섭, 한상호, 이복렬, 전영칠, 조정태 명예권사추대: 김묘옥 외 20명 명예안수집사추대: 김영철 외 4명
2012. 7. 15	교회대지 43평 매입(효자동1가 57)
2012. 9. 1	교회대지 40평 매입(효자동1가 57-5) 교회 총대지 합계면적 18,647m²(5,640평)
2013. 2. 6	선교문화센터(바울센터 Paul Center) 준공감사예배 건축규모: 대지 5,350m²(1,618평), 연건평 9,455m²(2,860평) 지하1층, 지상7층
2013. 2. 24	장로취임: 손윤식

2014. 4. 1	교육관 외벽 리모델링 공사준공(공사기간 2013. 12. 27 ~ 2014. 3. 31)
2015. 5. 26	기독교대한성결교회 제109년차 교단정기총회 바울교회에 유치
2016. 10. 4	해외 지교회 필리핀 마닐라 바울교회(Gethsemane Dweller Church) 입당 예배
2017. 3. 5	교회 설립 제35주년기념 임직식
	제10회 장로장립: 이강옥, 김천규, 정석환, 박정환, 김종신, 이기원, 최옥윤, 김택규, 송기열, 김수옥, 이순영, 나주현, 한재천, 김석기, 박병수, 이상진, 최기술, 정상용, 기호균, 손준모, 전홍석, 소재환, 송교인, 서동인, 송제호, 안진태, 이철, 송완진
	장로취임: 양재연, 정경복
	원로장로추대: 김병한
	명예장로추대: 최정광, 반석훈, 송기진, 박청수, 이희성, 이중석, 나기수, 박종호, 서동수
	권사취임: 강미자 외 123명
	명예권사추대: 강정숙, 곽영이, 김보덕, 김복기, 김삼순, 김선순, 김용숙, 박혜자, 이옥례, 조승자
	안수집사: 강용 외 47명
2017. 4. 15	교회 설립 제35주년기념 교회추모공원 바울교회 부활동산 준공
	정읍시 옹동면 옹동리 화산공원묘원 내(평장 1,000기 매장 가능)
2017. 11. 5	제3대 신용수 목사 부임
2017. 11. 26	신용수 목사 담임목사 취임 및 원팔연 목사 원로목사 추대식
2018. 11. 20	교역자생활관 대명까치맨션ⓐ 합계 2개 매입
	101동 ① 808호, 102동 ① 1313호(효자동1가 48-2 전용면적 59,85m²/24평형)

해외선교사 파송 현황

(바울교회 35년사 자료)

1990. 9. 19	김재운(사우디아라비아)
1991. 6. 30	백종윤(네팔)
1992. 5. 3	이종우·임영순(필리핀) 현재까지
1993. 5. 4	김효진·김순호(캐나다)
1993. 11. 28	홍영흠·이명자(호주)
1994. 2. 27	임근화(부탄)
1994. 5. 11	모이세스 레이날도(필리핀) 현재까지
1994. 6. 12	바돌로매(중국)
1995. 3. 19	김동완(타쉬켄트), 김홍국(네팔), 김동호(태국)
1996. 2. 25	곽춘기·이경자(필리핀), 강경민, 박혜란 선교사 파송
1996. 12. 15	오서택·이종희(네팔)
1997. 10. 26	김회관·최경순(러시아) 선교사 파송
1999. 9. 24	박양식(브라질) 선교사 파송
1999. 11. 28	박준성·정정순(중국), 이성학·김도희(인도네시아), 김덕근·전경아(러시아), 송재홍·한금옥(영국), 김학은·장옥·김봉춘·임옥순(중국), 정은영(말레이시아)
2000. 10. 22	김세영·김종미(호주)
2001. 1. 3	김인원, 백승주, 홍세화 단기선교사 파송
2002. 12. 15	조병철(러시아), 이벤허(중국), 최인호(케냐), 김미란(일본), 손귀목(카자흐스탄), 권정현(태국)
2003. 3. 30	곽춘기·이경자(중국)
2003. 6. 1	오필환·조경숙(태국), 소기호·정민임(일본), 김월림·고춘옥(카메룬)
2004. 3. 21	오서택·이종희(우간다)
2005. 1. 20	한성회(네팔) 단기선교사 파송
2005. 2. 15	신명주(파라과이) 단기선교사 파송
2005. 4. 28	강상옥(파라과이) 단기선교사 파송
2005. 11. 27	이창규(태국), 김봉태(인도), 최다윗·최현우(러시아) 선교사 파송
2006. 3. 12	이신안(볼리비아) 선교사 파송

2006. 4.	이화정(독일), 이신안(이스라엘) 선교사 파송
2006. 7.	최남영(멕시코) 선교사 파송
2006. 12.	김남식(미국) 선교사 파송
2007. 1.	김양희·송재홍(뉴질랜드), 에녹(수단) 선교사 파송
2007. 2. 4	신태훈·최공주(요르단), 곽효준·신진(인도), 한혜숙(네팔), 허은·윤정혜(탄자니아) 선교사 파송
2007. 7. 24	김정숙·한혜숙(네팔) 선교사 파송
2007. 11.	이병구(인도) 선교사 파송
2007. 10. 17	한인섭(남아프리카 공화국) 선교사 파송
2008. 1.	정종민(이스라엘), 김병모(우쿠라이나) 선교사 파송
2009. 1.	박재찬(중국), 강다영(요르단) 선교사 파송
2009. 3. 8	금철·백은영(대만), 황규영·장선화(중국) 선교사 파송
2010. 2. 13	황찬호·김인경(코트디부아르), 조병철·박미선(인도네시아) 선교사 파송

2012. 8. 26	바울교회 설립 30주년 기념 30가정 선교사 파송예배 이상훈·장미숙(일본), 김웅수·조은혜(사이판), 최일봉·이승현(모잠비크), 안수웅·안의숙(차드), 김신근·문은희(필리핀), 왕영춘·김숙경(싱가포르), 방창인·이정희(네팔), 신동조·강영희(러시아), 김석범·박소영(방글라데시), 이영동·김미영(태국), 전길수·정수경(스리랑카), 황성연·김세회(캄보디아), 강창석·이미숙·류병규·황순옥·박관재·간혜경·문민규·이금이(이주노동자), 안성민·권혜진·전상아·임탁군·정긍권·황정희·정원길·배성회·문금임·탁명길·고은중·김○○·김○○·김○○·하○○·이○○·윤○○·연영민(NGO), 배○○·황○○·최○○·이○○·유정은(브라질), 오명규(하와이) 선교사 파송
2012. 11. 28	김금자(캄보디아 프놈펜 간호대학) 선교사 파송
2014. 3. 30	김종석·정춘덕(남아공), 최경민·김윤진(미국), 김승근·이복순(네팔), 반창범·윤은숙(베트남), 손수철·박순미(대만), 김이태·조진희(방글라데시), 정기종·윤한나(브라질), 장수정(스리랑카), 손현성·이경호(동티모르), 이창용·김연순(필리핀), 박인용(탄자니아), 박지영·안지은(이스라엘), 김영길·엘리슨(싱가폴), 김수원(카메론), 권윤일·다께다기구꼬(일본), 윤서태·류성혜, 이성회·변영아(인도), 전민수·이은영, 최철웅·박정심(중국), 김요(라오스) 선교사 30가정 파송

국내 지교회 현황

(바울교회 35년사 자료)

설립년월일	교회명	교회소재지
1992. 12. 28	전주영성교회	전북 전주시 완산구 삼천동
1995. 8. 7	산외중앙교회	전북 정읍시 산외면 정량리
2000. 4. 20	호원대학교회	전북 군산시 호원대학교
2001. 10. 6	군산바울교회	전북 군산시 나운동
2003. 11. 16	동산바울교회	전북 전주시 덕진구 동산동
2004. 10. 15	광주바울교회	광주광역시 북구 동림동
2006. 2. 4	대전바울교회	대전광역시 동구 낭월동
2007. 1. 11	익산바울교회	전북 익산시 영등동
2008. 1. 26	용인바울교회	경기도 용인시 처인구 고림동
2008. 3. 8	대전예찬바울교회	대전광역시 동구 가양동
2009. 4. 25	구리바울교회	경기도 구리시 수택동
2011. 9. 4	바울중앙교회	경남 함안군 가야읍 도항리
2011. 11. 11	수원바울교회	경기도 수원시 정자동
2012. 11. 3	아산바울교회	충남 아산시 온천동
2013. 7.29	부천바울교회	경기 부천시 원미구 심곡3동

해외 지교회 현황

(바울교회 35년사, 2016년 1월 1일까지)

국가명	교회명	지역명	교회수
필리핀	바울신학교 (PTS) 설립	몬타르반	8
	복음의빛교회		
	Gospellight church교회	몬타르반	
	힐사이드 겟세마네교회	몬타르반	
	말란다이 크리스찬교회	마리키나	
	겟세마네 커버난트교회	카인타	
	Pow of God church교회	칼라오칸	
	산퀸텐교회	네베시야	
	반콤 크리스찬교회	산마테오	6
	하나님의 능력교회	마리키나	
	소망교회	칼라오칸	
	하나님의 사랑교회	불라칸	
	Open heaven church교회	카마린	
	살아계신 구세주교회	칼라오칸	
중국	진선교회		2
	산시성		
네팔	네팔 지교회 1		3
	네팔 지교회 2		
	지교회 죠이하우스고아원		

우간다 및 인근지역	가바떼 바울교회		7
	아씽애 바울교회		
	부룬디 부줌부라 바울교회		
	콩고 고마바울교회		
	부룬디 부줌부라 바울교회		
	르완다 르웬게리 바울교회		
	키치라 바울교회		
캄보디아	캄보디아 프놈펜교회		1
미얀마	양곤 바울교회		2
	따웅지 바울교회		
멕시코	영광교회		1
미국	LA 바울교회		1
부탄	새생명		1
파라과이	선교센터		1
케냐	카라 바울교회	마사빗	2
	마삼바니 바울교회	이시올로	
인도	첸나이 바울교회		1
계			36

■ 2019년 바울교회 모습

    필자는 2001년 늦은 가을부터 2014년 7월까지 바울교회에서 교역자로 사역하였다. 물론 2010년 6월부터 2013년 9월까지 유학목사로서의 기간이 포함되어 있다. 그리고 2014년 7월까지 담임목회 준비의 기간이 있다. 부임 이후 고등부를 담당하였고 2003년 9월부터 2010년 6월까지 부속실(기획실)에서 기획실장으로 사역하였다. 부속실 사역은 담임목사인 원팔연 목사의 모든 교회 내외 일정뿐 아니라 활동을 지원하고 바울교회의 발전 방향 수립 및 행사 전반을 기획하고 실행함으로 교회의 핵심 가치를 창조하고 구현하여 담임목사의 목회를 보필하는 역할을 감당하는 것이었다.

    동 기간 동안 바울교회는 급격한 성장을 이루었고 원팔연 목사는 가장 활기차고 왕성한 목회 활동을 펼쳤다. 성도 1만 명이 함께 예배드리는 공동체가 되었다. 양적, 질적 측면에서도 호남 제일의 교회라는 평가를 받게 되었다. 필자는 이러한 부흥을 이끈 원팔연 목사의 생생한 목회 현장을 함께 기획하며 이끌었다. 물론 원팔연 목사가 앞에 있었고 필자는 부교역자로서 보좌하였다. 하지만 필자의 사역은 일반 부교역자들이 가질 수 있는 경험과는 사뭇 다른 면모가 있었다. 바울교회와 원팔연 목사의 목회를 가장 가까이에서 직접 살펴보며 배울 수 있었다는 것은 특별함이었고 축복이었다. 또한 원팔연 목사는 당대의 대형교회 목회자들이 버릴 수 없었던 목회 세습에 관한 유혹을 과감히 떨치고 가장 모범적인 리더십 이양을 이룬 신실한 목회자이기도 하다. 원팔연 목사는 한국교회 역사상 가장 깨끗하고 모범적으로 은퇴함으로 한국교회의 인물사에 길이 남을 업적을 남겼다. 어떤 학연도 지연도 없이, 그리고 조건도 없이 후임 목회자를 선정하여 리더십을 이양하였다. 이는 바울교회는 하나님께서 세우셨다고 하는 그의 믿음에서 비롯된 것이며, 그래서 하나님의 교회를 하나님께 온전히 드린 대 사건이고 한국교회의 모범이자 역사라고 할 것이다.

목회의 시작은 평범했지만 강력했다. 목회의 마침은 단출했지만 귀함이 있었다. 그 강력과 단출함 사이에서 본 바와 배운 바를 이제 기술함으로 한국교회의 성도들에게 믿음의 흔적으로 남기고자 한다. 바울교회 부교역자 중 원팔연 목사를 가장 가까이에서 오랜 시간 함께할 수 있도록 하신 하나님의 은혜에 응답해야 할 책임과 의무가 있다고 생각한다. 그래서 그의 목회 열정과 바울교회의 부흥을 정리하고 정립하는 이 일을 시도해 보려고 한다. 필자에게 남겨진 그에 대한 마지막 사명일 수 있는 이 일을 통해 원팔연 목사가 항상 꿈꾸었던 부흥의 역사를 바울교회에서 성결교단과 한국교회로 전도될 수 있는 기틀을 마련해 보고자 한다. 특별히 성역 45년을 마치고 자연인으로 돌아간 그의 모습을 목회의 길을 걷는 여러 후진들이 바라보며 뒤따를 수 있도록 등경 위에 밝히 세우고자 하는 마음이다. 그래서 그의 영원한 참모이며 부목사인 필자에게 마지막으로 맡겨준 사명이라 생각하기에 존귀한 마음을 담아 집필하였음을 밝히는 바이다.

하지만 지극히 개인적이고 신앙적인 평가라는 점이 이 글의 한계일 수 있다. 또한 필자는 원팔연 목사에 대한 지극한 신뢰를 가지고 있어 상당 부분 편향성을 가질 수 있음도 한계이다. 그래서 신학적이고 학술적인 평가는 훗날 그의 목회를 발견할 학자들에게 맡기고 싶다. 다만 필자는 원팔연 목사와 바울교회를 통해 흘려보내 주신 하나님의 은혜를 신앙의 토대 위에 고백적으로 기록할 뿐이다. 그리고 그의 목회가 이렇게까지 가능할 수 있었던 패러다임의 변화와 전략을 소개하려고 한다.

이 글을 접하는 독자들 스스로가 원 목사님의 목회 참모이고 성도라는 마음으로 읽는다면 이제부터 펼쳐질 그의 박진감 넘치는 사역과 그 현장을 보다 면밀히 볼 수 있을 것이다. 그리고 나에게 주셨던 은혜 그 이상의 은혜를 받게 되리라 확신한다. 그분을 가까이서 모시며 배울 수 있었다는 것만으로도 너무나 행복했다. 필자에게 주신 하나님의 큰 선물이며 은혜였음을 고백한다. 그의 옆에 있었음이 기쁨이었고 행복이었다. "바울교회! 사랑합니다. 원팔연 목사님! 사랑합니다. 성역 45년, 너무나 귀하게 잘 마무리하셨습니다. 감사드립니다."

또한 이 글을 쓰는 데 가장 크게 영향을 미친 기인으로 제일교회와 제일교회 성도들을 말하지 않을 수 없다. 긴 부교역자 기간을 마치고 담임목사로서 첫 사역의 장으로 만난 제일교회에서 그간 준비하고 배운 바를 마음 것 발현할 수 있었다. 성도들과 열정을 불태우며 하나님의 영광을 위해 최선을 다했다. 열심을 내면 낼수록 원팔연 목사의 목회가 얼마나 귀하고 소중했는지를 더 배우게 되었고 확신하게 되었다. 이 배움과 확인의 터전이 되어준 제일교회와 제일교회 모든 성도들이 자랑스럽고 감사할 뿐이다. "제일교회 모든 성도들, 사랑합니다. 그대들이 있어서 이 글이 쓰일 수 있었습니다. 제일교회는 우리 모두의 교회이자 하나님의 교회입니다. 제일교회를 통해 이루어 가실 하나님의 크고도 놀라운 일하심을 기대하며 여러분과 함께해 나가겠습니다."

이 책을 늘 사랑하고 존경하는 원팔연 목사님과
바울교회 모든 성도님들께 헌정합니다.
부족한 글임에 틀림없지만 사랑과 존경의 마음을 담은
필자의 마음으로 받아주시길 감히 부탁드립니다.
"모든 것이 하나님의 은혜입니다. 주께서 영광 받으소서."

■ 원팔연 목사와 함께 바울교회에서

HAVE A PARADIGM
SHIFT AND STRATEGY

제1장

———

원팔연 목사와
바울교회를 말하다

HAVE A PARADIGM
SHIFT AND STRATEGY

원팔연 목사와 바울교회를 말하다

원팔연 목사 없는 바울교회는 생각할 수 없다. 또한 바울교회 없는 원팔연 목사도 생각할 수 없다. 둘은 하나님의 계획하심 속에서 만났고 서로를 섬기며 사랑했다. 그리고 위대한 하나님의 일을 이루었다. 성도 1만 명이라는 대형교회를 이루었지만 아무런 사심 없이 생면부지의 후임자에게 모든 것을 넘겨주고 떠나온 원팔연 목사. 어쩌면 그였기에 가능했을 이러한 리더십 이양을 한국교회는 다시 평가할 날이 있을 것이다. 이제 그와 바울교회의 만남을 소개하며 그가 바울교회이고 바울교회가 그인 그 뜨거웠던 부흥의 역사를 펼쳐보고자 한다.

1. 세계는 바울교회의 교구이다.

"세계는 바울교회의 교구이다."라는 표어는 바울교회와 원팔연 목사가 어떤 방향성을 가지고 있는지를 정확히 보여준다. 바울교회는 1982년 8월 29일, 전주시 다가동 지하 8평에서 7명의 집사가 모여 예배를 드림으로 시작되었다. 이후 1985년 2월 14일, 원팔연 목사가 부임함으로 교회가 성장하기 시작하였다. 원팔연 목사는 모교회인 전주교회에서 부목사로 시무하던 중 정읍교회의 부름을 받아 30대의 젊은 담임목사가 되었다. 그는 당시 200여 명의 교인을 600여 명으로 성장시키고 극장 건물을 매입하여 성전을 확장하는 등 부흥의 길을 크게 달리고 있었다.

하지만 정읍이라는 작은 도시의 한계를 느낀 원팔연 목사는 선교하는 교회를 세우고자 하는 꿈을 결코 포기할 수 없어 결단을 내렸다. 그리고 무작정 전주로 오게 되었고 당시 지하 예배당에 모여 있던 30여 명의 성도들과 함께 예배드림으로 바울교회의 역사는 시작되었다. 당시 600여 명의 교인을 둔 교회는 결코 작은 교회가 아니다. 목회적으로 충분히 안정적일 수 있었지만 그는 선교와 복음전파를 위한 열정을 버릴 수 없어 비록 개척교회와 다름없는 교회임에도 불구하고 도전을 시작한 것이다. 그리고 그 때부터 선교하는 교회, 나눠주는 교회가 되기 위해 온 힘을 다했고 지금까지 달려오게 되었다. 그래서 "세계는 바울교회의 교구이다."라는 슬로건을 교회의 표제로 삼았다. 이 표제의 방향대로 원팔연 목사는 목회에 전념하였고 이런 열정에 감동받은 성도들이 모여들기 시작하여 교회 설립 30여 년 만에 1만 명이 넘는 교회를 이루고 100여 명이 넘는 선교사를 파송하고 꾸준히 지교회를 세워가는 교회가 되었다.

정읍교회에서 30여 명의 개척교회로 목회지를 옮긴 것은 당시로서는 파격이었으며 또한 충격이었다. 하지만 그는 꾸준히 기도하며 지치지 않는 열정으로 교회를 성장시켰다. 바울교회는 선교하는 교회이고 바울교회 성도는 선교하는 성도가 되어야 한다는 마음을 일관되게 지켜왔으며 성도들도 이에 동의하였다. 그래서 바울교회는 300지교회 설립과 300선교사 파송을 목표로 꾸준히 달려왔고 지금도 달려가고 있다. 30여 명의 성도가 오늘의 바울교회를 이룬 것은 끊임없는 선교적 도전을 가지고 복음전파를 향해 나아간 원팔연 목사의 목양 철학에 바탕을 두고 있음을 결코 부인할 수 없다. 또한 신뢰를 갖고 그의

목회에 응답한 성도들에 대한 하나님의 은혜이고 축복이다.

2. 선교와 함께 은혜와 복은 시작되었다.

바울교회는 1990년 김재운 선교사를 사우디아라비아에 최초로 파송하면서부터 하나님의 은혜와 복이 함께했다고 원팔연 목사는 고백한다. 선교사를 파송하면서부터 성도들은 더욱 열정적으로 교회와 하나님을 사랑하게 되었고 교회는 더욱 부흥하게 되었다. 그리고 기적과 같이 1991년 11월에 현 교회가 위치한 서완산동 일대 400여 평을 구입하게 되었다. 이후 1993년에 네팔에 조이하우스라는 사회복지시설(고아원)을 설립함으로 선교의 규모를 확대하였다. 그리고 지속적으로 선교사를 파송하였고 해외 지교회를 설립하였다. 이런 바탕 위에 1998년 3월 2일, 현 본당건물을 건축하기 시작하였으며 1999년 11월 13일 모든 건축을 마치고

입당하면서 동전주교회에서 바울교회로 교회 명칭을 바꾸며 새롭게 도전하였다. 이때까지 약 3,000여 명의 성도로 성장한 바울교회는 이후 2003년 가을

부터 기획실을 신설하고 교회의 패러다임의 변화를 꾀하며 대형교회로의 전환을 준비하였다. 이후 2010년에 들어서 명실 공히 성도 1만 명 교회를 선포할 수 있었으며 2011년 12월에 지역사회를 위한 바울센터(대지 6,294m²/1,903평, 연건평 9,424m²/2,850평 지하1층, 지상7층)를 기공하고 2013년 2월 완공하여 오픈하였다. 이런 짧은 기간 동안 바울교회가 이렇게 부흥하게 된 것은 무엇 때문일까? 앞에서도 언급했듯이 바울교회는 선교사를 파송함으로 하나님의 은혜와 복이 시작되어 다음 사명을 향한 발걸음을 할 수 있었다고 원팔연 목사는 고백한다. 그리고 지속적으로 선교지에 지교회를 세우고 선교사를 파송하여 땅 끝에 이르라는 주님의 지상 명령을 교회의 최고 가치로 품음으로써 이 일이 가능했던 것이다.

지하 8평에서 일곱 명의 집사와 함께 시작한 바울교회는 현재 6,000여 평의 대지를 이루고 있고, 이미 1만 명의 성도를 돌파하여 규모와 내용 면에서 호남 제일의 교회를 이룸으로 교단과 교계의 모범이 되고 있다. 특별히 2012년 교회 설립 30주년을 기념하여 그 해 교단 파송 선교사 30가정 모두를 바울교회가 파송함으로 그 선교적 역량을 발휘하여 교단과 교계에 큰 반향을 일으키기도 하였다. 바울교회는 이러한 급격한 부흥을 일으켰고 그 원동력은 바로 선교에서 찾을 수 있다. 선교는 바울교회의 사명이고 이 사명을 위해 성도들이 모여 한길로 달린 은혜의 역사이다. 그 앞에 원팔연 목사가 서 있었고 수많은 성도들이 함께하였다.

3. 하나님께 사랑받는 목회와 섬김의 산물

바울교회의 역동적인 성장은 원팔연 목사 개인의 목회 철학과 열정이 바울교회라고 하는 좋은 토양 위에 꽃을 피운 한국교회사의 특별한 업적이라 할 것이다. 인구 60만에 지나지 않는 지방 중소도시에서 그 환경과 조건을 뛰어넘어 1만 명에 이르는 교회를 이루고 지역사회를 선도하는 교회가 되었다는 것은 한국교회사의 괄목할 만한 사건이며 해석이 필요한 일이라 하겠다. 40년도 채 안 되는 역사를 가진 바울교회가 지방 중소도시라는 한계 속에서 대형교회를 이룰 수 있었던 것은 원팔연 목사의 리더십과 성도들의 아름다운 순종 및 연합 때문이라 하지 않을 수 없다.

기획 업무와 비서 업무를 함께 담당하다 보니 외부에서

찾아오는 손님들을 접대해야 하는 것은 필자의 주요 업무 중 하나였다. 이런 경우 꼭 받게 되는 질문이 있었다. 어떻게 원 목사님은 목회를 이렇게 훌륭하게 해내실 수가 있었는가 하는 질문이었다. 그러면 필자는 이렇게 답하곤 했다. "우리는 모두 하나님을 사랑합니다. 목사님도 하나님을 사랑하시지요? 저도 하나님을 사랑합니다. 마찬가지로 원 목사님도 하나님을 사랑하십니다. 하나님을 사랑하니까 그 사랑으로 목회도 하고 섬기기도 하는 것입니다. 그런데 제가 가까이서 모시며 느끼는 것 중에 하나는 하나님께서 원 목사님을 더 사랑해 주시는구나 하는 것입니다. 원 목사님 목회는 하나님께 사랑받는 목회인 것만 같습니다. 하나님께 사랑을 받으니 이런 목회를 하시는 것 같습니다. 그런데 이분을 보면 하나님의 사랑을 받을 만하시다 하는 생각을 하게 됩니다. 어떤 큰일을 해서가 아니라 하나님과 약속한 일이 있으면 비록 작은 일일지라도 꼭 지켜 내려고 하시는 그분의 모습을 보면서 하나님의 사랑을 입을 만하다는 생각을 하게 됩니다."라고 설명하곤 했다. 사실 원팔연 목사는 때론 이웃집 형님 같다는 생각이 들 때도 있다. 그만큼 격 없이 누구에게나 쉽게 다가가고 포용하는 그분의 성품에서 드러나는 모습이다. 또한 일을 너무 어렵게 하지 않으면서도 때론 재미가 있고 장난도 잘한다. 매사에 가볍게 행하는 것 같지만 하나님과 약속한 것만큼은 스스로 철저하게 지키려 노력한다. 수요예배를 드릴 때마다 자신이 약속한 예물을 철저하게 드리는 모습, 또한 나름 기도의 약속을 정하셨으면 꼭 그 시간에 기도하는 모습, 그런데 이런 것들이 특별한 것이 아니다. 성도들을 심방해야 하면 새벽이건 밤이건 주저하지 않고 심방한다. 서울이든 어디든 성도를 위해서는 피곤해하지 않고 달려간다. 그래서 전주에서 서울을 하루에 두 번도 오가는 날도 수없이 많다. 이런 신실함이 있기에 하나님의 사랑하심을 받을 만하다는 생각을 하게 되는 것이다.

　물론 교역자라면 누구나 이 정도는 한다고 할 수 있을 것이다. 그러나 꾸준하고 신실하며 결코 교만하지 않는 그의 모습에서 감동을 받게 된다. 존경과 섬김이 자연스럽게 나올 수밖에 없게 만드는 그 평범함 속의 비범함이 바로 목회의 원동력이라고 말할 수 있다. 하나님과 원 목사님과의 관계는 이렇게 설명할 수 있을 것 같다.

4. 진심으로 믿고 마음을 나눌 수 있는 부교역자를 다섯 명만 만나면……

　또한 그에게는 나름대로 부교역자들에 대한 특별함이 있는 것 같다. 앞의 질문에 대한 계속적인 답으로 이렇게 말하기도 한다. "목사님! 목회를 좀 더 박진감 있고 왕성하게 해서 하나님께 충성하시고 싶으시지요? 원 목사님이 이런 목회를 하는 것은 하나님께서 그분을 사랑해 주시기 때문인데 그 사랑의 표현으로 원 목사님께 좋은 부교역자들을 주셨기 때문인 것 같습니다. 목사님! 앞으로 이렇게 기도하세요. 목회를 마치는 날까지 진실로 믿고 마음을 나눌 수 있는 부교역자 다섯만 주시라고 기도하세요. 원 목사님은 지금까지 이런 목회자를 넷 만났습니다. 하나는 누구이고, 또 하나는 누구이고, 또 하나는 누구이며 또 누구입니다. 그런데 아직 다섯 번째는 나타나지 않은 것 같습니다만 이 네 명의 부교역자가 목회 초기에, 그리고 중기에, 그리고 현재에 이르기까지 동행하고 있습니다. 이제 누가 다섯 번째일까 저도 궁금합니다만 이렇게 최선을 다해 주는, 목숨도 내줄 수 있을 것 같은 부교역자를 넷 가지셨는데 이것이 바로 목회 성공의 또 하나의 요인인 것 같습니다." 실제로 그렇다. 원 목사님 입장에서 어떠하셨을지 모르지만 원 목사님에게 목숨도 내어드릴 수 있는 부교역자가 네 명 있었다. 그 네 명이 적절한 타이밍에 나타났고 최선을 다해 원 목사님의 목회를 도왔던 것이다.

하지만 우연히 주어진 것일까? 아니다. 이 네 명의 부교역자를 만들 수 있었고 거느릴 수 있을 만한 탁월함이 그에게는 있었다. 어쩌면 원 목사님은 이런 부교역자를 주시라고 기도하셨는지도 모르지만 그의 품성과 기도의 습관을 아는 나로서는 그가 이런 부교역자를 만들 수 있는 리더가 되기를 서원하며 기도하지 않았을까 하는 생각을 해보게 된다. 원 목사님은 그런 분이다. 그분은 사람을 쓸 줄 알았고 누군가의 장점을 보면 그 장점을 깨워 극대화시킬 줄 아는 재능을 가지고 있었다.

그의 혜안이 어떻게 만들어졌을까? 하나님께 사랑받을 만한 목회를 하고 있었기에 가능한 하나님의 선물이 아니었을까! 그가 평소에 하는 말이 있다. "사랑도 미움도 자기에게서 나온다." 이 쉽고도 진리와 같은 말을 그는 하나님 앞에서 신실하게 행하고 있었다. 그래서 필자 역시 이런 신실함으로 주의 일에 임하려고 오늘도 그와의 만남을 다시 생각하며 하루하루를 달려가고 있다.

5. 바울교회가 성장하게 된 특징적인 요소들

이런 대답을 받은 분들이 다시 묻는 질문이 있다. "그렇다

면 바울교회가 이렇게 성장하게 된 특별한 프로그램이나 특징적인 요소들이 있습니까?" 이런 질문에 대해 이렇게 대답하곤

하였다. "아니요, 바울교회는 그런 특별한 것들은 없습니다. 특별한 프로그램에 의해서 성장한 것이 아닙니다. 달리 내세울 만한 것도 없습니다. 어쩌면 바울교회는 가장 전통적인 교회입니다. 그러나 구시대적이라는 말은 아닙니다. 가장 전통적이라고 한다면 교회의 기본에 가장 충실한 교회라는 것입니다. 말씀에 충실하고, 찬양이 풍성하고, 뜨거운 기도와 다음세대를 향한 교육, 그리고 주님의 지상 명령인 선교에 최선을 다하는 교회, 달리 말해 교회가 갖추어야 할 면모들에 충실한 교회라는 것입니다. 다만 어떤 특별한 것이 있어서가 아니라 이런 교회로서의 다양한 측면을 충실하게 갖추려고 노력하며 목회자와 성도간의 철저한 신뢰를 바탕으로 한 교회이기에 오늘의 바울교회가 된 것입니다."

그렇다. 실제로 바울교회는 이런 교회이다. 특별한 프로그램에 의해서라기보다는 기본에 충실함으로 부흥한 교회이다. 초대교회와 같이 선교적 열정이 가득하고 목회자와 성도간의 신뢰가 두터운 교회이다. 한마디로 기본에 충실한 교회라고 할 수 있다. 그런데 그 기본에 남다름이 있다. 먼저는 원 목사님 자신이다. 그는 누구보다 하나님 앞에 신실하다. 결코 교만하지 않는다. 하나님 앞에서 뿐 아니라 성도 앞에서도 그렇다. 이 정도 규모의 교회를 이루었으면 어깨가 높아지고 고개가 뻣뻣해질 만한데 그는 결코 그렇지 않았다.

또한 성도들이 갖고 있는 그에 대한 신뢰는 상상을 초월할 정도로 깊다. 그래서 원 목사님의 목회가 이렇게 탁월할 수 있었던 것 같다.

6. 평범한 듯 그러나 남다른 리더십과 지도력

그분을 10여 년 가까이 모시면서 느낀 것은 언제나 한결 같다는 점이다. 해외 선교지를 방문하고 돌아오면 지방인 관계로 이른 새벽에 교회에 도착할 때가 많다. 그러나 단 한 번도 피곤하다며 부교역자에게 새벽 강단을 맡긴 경우가 없다. 새벽 3시든 4시든 인천공항에서 전주까지 쉼 없이 달려와 교회로 복귀하였다. 그 시간이면 집으로 바로 가도 되겠지만 원 목사님은 그렇게 하지 않았다. 목양실에서 잠시 눈을 붙이는 경우가 있더라도 새벽예배를 인도한다. 그러면서도 전혀 피곤한 내색도 하지 않고 오히려 더 활기차고 박력 있게 새벽을 인도한다. 이런 그의 모습에서 성도들은 오히려 도

전을 받고 감동을 받아 자신들도 이렇게 해야겠다는 결단을 갖게 된다. 이런 모습이 남다른 그의 리더십이고 목양 지도력이다. 성도들이 머

리를 숙일 수밖에 없는 요인이라고 할 수 있다.

선교지에 나가서도 마찬가지였다. 20여 년 넘게 관계를 맺고 있으며 지금도 신뢰를 잘 유지하고 있는 선교사에게 직접 들은 이야기 중 하나이다. "처음 파송을 받고 얼마 지나지 않아 원 목사님께서 선교지를 방문하셨습니다. 그런데 원 목사님께서 호텔에 머물면 비용이 많이 든다 하면서 그냥 집에 거하시겠다고 했습니다. 에어컨도 제대로 없는데 말입니다. 어떻게 모셔야 할지도 부담이었지만 원 목사님의 뜻이 그러하니 어쩔 수가 없었습니다. 그런데 새벽 2시쯤 되었을까요? 평소에 듣지 못한 삐걱삐걱하는 소리가 계속 들리는 것입니다. 가만히 들어 보니 원 목사님께서 일어나셔서 침대에 앉아 이불을 둘러쓰시고 기도하고 계시는 것이 아닙니까? 아침까지 말입니다. 이러기를 계시는 날 내내 하시는데 제가 어떻게 해야 할지를 모르겠더라고요. 그리고 가시는 날, 아껴두신 호텔 비용까지 탈탈 털어서 주시고 가셨습니다. 어찌 이런 분을 존경하지 않을 수 있겠습니까? 그 이후로 그분이 하자는 대로 했고, 하라는 것은 다 하려고 했고 그래서 오늘의 선교 사역을 이룰 수 있었습니다." 귀하고 위대한 만남은 이렇게 이루어졌고 그분은 이런 방법으로 사람을 얻어 하나님 앞에 충성할 수 있도록 이끌었다. 이것이 그의 리더십이고 다양한 목양 방법 가운데 하나이다.

사실 필자도 부속실에서 직접 모시고 있었기에 원 목사님의 이런 모습을 많이 볼 수 있었다. '2시면 일어나고 4시까지 기도하다가 교회로 나온다.'는 이야기를 우연한 기회에 들었다. 그래서인지 차만 타면 이내 잠이 드는 그의 모습을 많이 볼 수 있었다. 이런 사실을 알고 난 후에는 웬만해서는 깨우지 않고 잠시의 숙면이라도 가질 수 있도록 해야만 했다. 그래서 때때로 운전을 직접 하며 그를 모셔야 할 경우에는 더욱 조심할 수밖에 없었다. 이런 신실함이 있어서 그분의 목회가 오늘에 이를 수 있었던 것 같다. 특별히 드러내지도 않고 다만 주님 앞에, 교회 앞에, 성도 앞에 신실함으로 나아간다는 것이다. 있는 듯 없는 듯, 그러나 분명히 있는 그만의 것이 하나님을 감동케 하고 그래서 하나님께서 그분을 사랑해 주시는 것만 같다.

7. 10여분을 넘지 않는 당회

(목사님의 기(氣)를 살려드려야 ……)

바울교회의 특별함을 하나 꼽으라 한다면 당회 시간이라고 할 것이다. 대부분의 당회가 10분을 넘어가지 않았다. 물론 60세가 된 이후로는 당회원들 또한 나이가 들었기에 이들에 대한 존중의 의미로 시간을 좀 더 갖는 것 같았다. 하지만 결코 20분이 넘지 않았다.
오히려 당회원들이 담임목
사에 대한 신뢰를 두텁게 가
지고 있었기에 당회원들 스
스로가 이렇게 만드는 것 같
았다. 다음 내용은 당시 내가 부속실에서 사역하던 때 수석장
로이셨던 김규남 장로님께 들은 이야기이다.

교회가 한참 원 목사님을 중심으로 발전하고 있을 때의 일입
니다. 지금까지는 당회로 모였을 때 목사님께서 내놓으신 안
건들에 대해 듣고 항상 이견 없이 서로 감사함으로 결정했습
니다. 무엇이든 믿고 목사님을 따랐던 것입니다. 그런데 이 날
은 한 가지 일에 대해서 논의가 있었습니다. 이전과는 달리 장
로님들 사이에서 의견이 나뉘고 과연 이 일을 해야 하는지에
대한 의견이 분분했습니다. 순간 목사님은 말씀을 멈추셨고
장로님들도 어찌해야 할지 모르는 채 서로 바라보고만 있었습
니다. 그때 당시 수석장로님께서 일어나시더니 이렇게 말씀하
셨습니다. "우리는 지금까지 목사님을 믿고 여기까지 달려왔
습니다. 무슨 일이든지 목사님 하시고자 하는 대로 믿고 따랐
습니다. 목사님께서 기도하시고 결정하시는 일에 우리가 이렇
다 저렇다 하지 않고 믿고 순종했습니다. 우리는 목사님께서

항상 기도하고 결정하시기에 어떤 일이든지 믿고 따라왔습니다. 그래서 하나님께서 우리 교회를 이렇게까지 축복하셨다고 믿습니다. 그런데 이번 일만큼은 저 자신도 아무리 생각해 봐도 무리가 있는 듯합니다. 그러나 그럼에도 불구하고 이번에도 목사님께서 기도하고 결정하신 일이기에 목사님을 믿고 통과했으면 좋겠습니다. 목사님의 깊은 뜻이 있으리라 생각합니다." 이렇게 수석장로님이 말씀하시자 다른 장로님들도 머리를 끄덕끄덕하며 그렇게 하자고 했습니다. 그래서 당회를 마칠 수 있었습니다. 그런데 일이 이렇게만 끝난 것이 아닙니다. 목사님께서 아마도 삼일 후 정도에 다시 당회를 소집했습니다. 그리고 이렇게 말씀하셨습니다. "그동안 여러 장로님들이 저를 믿고 신뢰하며 따라주신 것 감사합니다. 그리고 이번 일도 그렇게 믿어주심 감사드립니다. 그런데 여러분이 모두 찬성해 주셨지만, 지난 이삼 일 동안 제가 기도하며 면밀히 다시 살펴보니 아니나 다를까 제가 제대로 보지 못한 면모가 있었습니다. 이제 이렇게 다시 모이자고 한 것은 이 사안을 이렇게 수정하면 어떻겠는가 하는 것입니다." 이렇게 발표했더니 모든 장로님들이 박수를 치고 함께 기뻐하며 당회를 마치게 되었습니다.

그리고 그는 이렇게 말을 이어갔다. "교회 부흥하는 것 어려운 일 아닙니다. 목사님의 기를 살려드리면 됩니다. 절대로 목사님의 기를 죽여서는 안 됩니다. 목사님도 때론 잘못 선택할 수 있겠지요? 그러나 그것을 내가 혹은 우리가 수정하려 하지 말고 하나님께 맡기며 목사님을 밀어주고 기를 세워드리면 기도하시는 가운데 분명히 수정하십니다. 하나님께서 그렇게 이끄시는 것 같습니다." 이렇게 말한 김규남 장로 또한 내가 부속실에서 사역하는 동안 원 목사님 앞에 서든 혹 내 앞에서도 "안 됩니다. 못합니다."를 한 번도 말씀하신 적이 없었다. 목사님을 위해서 기도하며 목사님의 기를 살려드려야 하며 하나님은 합력하여 선을 꼭 이루어주신다고 여러 장로님들과 성도들에서 끊임없이 이야기하시곤 했다. 그렇다. 이런 분위기 속에서 원 목사님은 바울교회를 호남의 대표적인 교회로 주님의 은혜와 사랑 속에서 만들 수 있었다. 또한 교단 최고의 교회로 만들었다.

8. 신속함이 파워를 만든다.

바울교회의 또 다른 면모는 시스템적인 면에서 신속성을 갖추었다는 점이다. 부속실을 기획실 체제로 운영함에 따라 담임목사가 새로운 계획을 가지면 신속하게 기획 단계가 이루어지고 교역자들에 의해 일의 전개가 바로 실행될 수 있

었다. 하지만 보통의 경우 교회들은 담임목사가 새로운 계획을 가지면 당회를 열어 계획을 수정 보완한다. 그러나 당회가 열리기까지 시간이 2~3주 소요되는 경우가 많다. 당회가 마쳐진 후에 교역자들이 계획을 수립하고 실행 단계까지 가려면 최소 4주 이상이 소요된다. 그러나 바울교회의 경우 당회와 상관없이 담임목사의 의중이 드러나면 기획실에서 신속하게 계획을 입안하고 교역자들과 소통하여 곧장 계획이 수립되고 실행이 가능하도록 모든 준비를 갖출 수 있다. 당회의 경우에도 관리적 그룹이 아니라 지원적 그룹이기에 담임목사의 판단력과 결정에 따르며 혹 자신들이 지원해야 할 사항이 있는지 오히려 더 집중한다. 이 단계에서 기획실이나 교역자들에게 어떤 요청을 받으면 더욱 협력적으로 자신들의 일을 찾아 나서며 협력한다. 이처럼 '왜 합니까가 아닌 어떻게 해야 합니까?'라고 하는 담론으로 접근하기 때문에 불필요한 시간을 최소화하여 곧바로 실행 단계로 접어들 수 있게 된다. 이런 신속성은 일의 집중력을 만들어 내어 교회를 더욱 활기 있고 역동적으로 만들어 준다. 이런 점이 바울교회의 장점이고 파워이다.

제2장

———

목회와 패러다임의
변화를 말하다

제2장

목회와 패러다임의 변화를 말하다

원팔연 목사의 목회 철학은 '교회가 부흥하면 성도들의 삶 또한 부흥한다.'라는 출발점을 갖고 있다. 그래서 그의 가장 중요한 지향점은 '부흥'이었다. 교회가 성장하면 할수록 성도의 삶도 성장한다는 것이 그의 지론이다. 교회의 성장을 경험한 성도는 세상 가운데서도 하나님의 사람으로 그 자존감을 갖고 승리하며 살아가게 된다. 그리고 삶의 자리에서 복음의 열매를 만들어 내며 살아간다. 원팔연 목사는 이렇게 믿고 있고 또한 이러한 성도들을 만들기 위해 끊임없이 하나님 앞에 무릎을 꿇었다. 그 결과가 오늘의 바울교회이다. 그는 교회를 부흥케 하는 데 최선을 다했다. 성도가 행복해

지고 승리의 소식이 들릴 수 있는 일이라면 주저하지 않고 시도하였다. 그의 목회 철학은 지극히 단순하지만 강렬하고 쉼이 없으며 거침이 없다. 이제 그의 목회 철학이 어떻게 교회와 성도들에게 녹아내렸고 결실을 피었는지를 알아보고자 한다.

1. 부흥을 꿈꾸며

2000년대 초반까지만 해도 전주시민들에게 기독교대한성결교회 소속인 바울교회와 한국기독교장로회 소속의 안디옥교회가 전주를 대표하는 교회로 인식되며 양대 산맥을 이루고 있었다. 많은 사람들이 어느 교회가 더 큰가를 비교하곤 하였다. 그러나 지금은 어느 누구도 이런 비교를 하지 않는다. 바울교회는 비교가 안될 만큼 대형교회가 되어 버렸기 때문이다. 바울교회는 호남에서 가장 큰 교회가 되었다.

수도권의 인구 변화와 함께 대형교회들이 어떻게 성장하였는지에 대하여 살펴보면 새로운 통찰들을 가질 수 있다. 1970년대의 시작과 함께 강남권이 개발되면서 강북 중심의 서울 생활권이 크게 변화되었다. 강남 개발과 함께 대량의 인구가 강남 지역으로 유입되었다. 이 과정에서 강북에 있던 교회들도 강남으로 이전한 경우도 많았다. 물론 새로운 교회들도 개척되었다. 대량의 인구 유입과 함께 강남 지역에서 대형교회들이 나타나기 시작한 것이다. 강북의 대형교회 역시 인구 밀집 지역에서, 그리고 인구 이동이 많은 교통의 요충지를 중심으로 발전하였다. 또한 강북의 인구 밀집 지역에서도 대형교회들이 등장하였다. 그러므로 대형교회는 인구의 밀집과 이동이라는 요소와 결코 무관하다고 할 수 없다. 인구의 밀집이 대형교회 형성의 중요한 요소 중 하나라고 할 수밖에 없다.

그러나 단순히 인구 밀집이 교회의 부흥을 이끌어 준 것만은 아니다. 수많은 교회들이 인구의 이동에 따라 이동했지만 모두 성장하지는 못했다. 교회를 인구 밀집 지역으로 옮긴 경우라 하더라도 새로운 사회적 패러다임을 빨리 읽고 변화를 추구하며 능동적으로 성도의 삶을 이끌었던 교회들이 부흥의 길을 크게 달릴 수 있었다. 단순히 인구 이동이 교회의 부흥 요소라고 말할 수는 없는 것이다. 사회적 변화를 능동적으로 수용하며 적극적으로 성도들의 신앙에 개입하였다. 대형화로 달릴 수밖에 없는 도시화의 경향성을 받아들여 성전을 건축하고 제자훈련과 같은 각종 양육 프로그램을 적극적으로 도입하였다. 능동적인 교회의 준비와 노력이 인구 밀집과 맞물려 대형교회가 만들어진 것이다. 이러한 인구학적, 그리고 지리학적 관점에서 비추어 본다면 바울교회는 매우 특이한 사례이다.

바울교회는 지방의 중소형 도시에 위치하고 있다. 인구의 새로운 유입이 없고 오히려 전출이 많은 전통적인 인구 구성 요소를 갖고 있는 지역이다. 새로운 교인들이 유입되기에는 인구의 규모가 작고 이동이 너무나 적다고 할 수 있다. 그러나 바울교회는 비록 인구학적으로는 성장 요소를 갖추고 있지 못한 지역적 특성을 극복하고 보다 적극적인 목회 형태를 만들어 냄으로 대형교회로 성장할 수 있었다. 철저한 지역사회의 변화를 분석하고 교회의 발전적 전략을 수립하여 적용하였다. 그리고 새로운 프로그램과 패러다임의 변화와 전환을 통한 목회의 변화를 추구함으로 교회를 규모 있게 만들어 가며 부흥을 이끌었다.

바울교회는 중소형 도시에서도 대형교회가 탄생할 수 있는 가능성을 보여준 하나의 새로운 시도라고 할 수 있다. 교회의 지역적 특성을 최대화하고 성도들의 열정을 불러일으키며, 또한 교회의 강한 역동성을 만들어 냄으로써 미래가 있는 교회, 자녀들이 자랑스러워하는 교회, 사회로부터 존경받는 교회를 만들었으며 그 선두에 원팔연 목사의 능동적인 목회 리더십이 자리하고 있다.

2. 창조적인 목회와 역동적인 삶

교회를 이끌어 감에 있어 가장 중요한 면모 중 하나는 담임목사의 삶과 신앙의 자세이다. 담임목사가 어떤 삶과 신앙의 자세를 가지고 있느냐에 따라 교인들의 삶과 신앙의 방향도 결정된다고 그는 믿고 있다. 원팔연 목사는 이러한 담임목사관을 가지고 하나님의 영광과 부흥을 꿈꾸며 교인들에게 꿈을 심어주고 미래에 대한 도전을 이루게 하는 창조적인 목회를 실천해 왔다. 또한 성도들이 각자의 삶의 자리에서 승리할 수 있도록 이끌어 주는 역할을 담당했다. 원팔연 목사는 현실에 안주하는 삶이 아니라 도전적이고 창조적인 자세로 새로운 삶을 추구해야 할 것을 끊임없이 성도들에게 주문하였다. 그의 목회 또한 새로운 도전과 창조적 작업을 끊임없이 실천하는 모본의 장이었다. 이러한 그의 삶이 목회자의 삶이며 이 시대가 원하는 교회 지도자로서의 삶이다.

사실 필자는 바울교회에서 부목사로 장기간 사역하다 미국으로 유학하게 되며 그간의 소회를 묻는 누군가의 질문에 이렇게 말한 바가 있다.

"원팔연 목사님을 10년이 넘게 모셨으니 익숙해질 만도 했습니다. 그러나 항상 부흥을 꿈꾸며 새로운 일을 찾아 쉬지 않고 실천해 내는 그분의 창조적 목회 현장에선 단 하루도 익숙해질 여유가 없었습니다. 매일 새로 만나는 듯했고 매일 내가 처음 청빙 받은 날처럼 긴장하지 않을 수 없었습니다. 그래서 항상 처음 부름 받은 것 같은 생각으로 최선을 다할 수밖에 없었습니다. 이런 도전적 자세는 저 자신에게 뿐 아니라 모든 성도들에게도 영향을 미쳤습니다. 성도들 삶을 현실에 안주하기보다는 도전하고 성취하는 모습으로 만들어 주었습니다. 그래서 교회가 역동적일 뿐 아니라 교인들의 삶도 역동적이고 발전적임을 보게 되었습니다."

원팔연 목사는 능동적인 지도자로서의 자세를 갖고 미래를 개척하며 창조적인 목회를 수행해 나갔다. 성도들의 삶을 역동적으로 만드는 목양을 펼치며 성도들의 인생을 변화시킬 수 있는 지도자가 되겠다는 자세를
가지고 삶의 지표를 제시하였다. 실천적
행위를 요구하며 하나님 안에서 완성되
는 자신과 가족과 교회를 꿈꾸도록 끊임
없이 요청하며 이끌었다. 목회적 실천에
있어 항상 새로움을 추구하며 교회의 변
화와 발전을 위해 끊임없이 노력하였다. 이러한 자세를 성도
들에게 전위시켜 하나님 앞에서 최선을 다하는 삶을 살아가
도록 이끌어 온 것이다.

　그리고 지역사회의 존경받는 목사가 되도록 최선을 다하
였다. 담임목사가 지역사회에서 존경을 받게 되면 교회는 부
흥의 길을 달릴 수 있는 또 하나의 방편을 가지게 된다는 생
각을 가지고 있었다. 그래서 그의 목회 향방은 지역사회를
포함하는 포괄적인 목회였다. 교회를 지역사회의 존경받는
대상으로 만들 뿐 아니라 본인 스스로도 바로 그렇게 되어
야 한다는 것을 알고 있었다. 담임목사와 교회에 대한 지역
사회의 존경은 부흥의 또 다른 원동력이 되었다. 그래서 지
역에 있는 여러 공공단체들과 좋은 관계성을 전략적으로 맺
어 나갔다. 교회와 성도가 지역사회와 상호작용할 수 있도록
환경을 조성하여 교회의 이미지를 격상시켰을 뿐 아니라 지
역사회의 존경받는 교회, 지역사회의 존경을 받는 교인들을

만들어 낼 수 있었다. 부흥의 또 다른 밑거름을 이러한 면모로도 조성한 것이다.

3. 상호간의 존경과 신뢰

담임목사와 당회원들이 조화를 잘 이루어 하나가 되면 교회는 자연스럽게 부흥의 길을 달려 갈 수밖에 없다. 상호간의 존경과 신뢰가 구축되면 성도들도 당회를 존경하고 신뢰할 뿐 아니라 교인 간에도 이런 따뜻한 분위기가 충만하게된다. 그래서 원팔연 목사는 당회원들과의 존경과 신뢰의 관계를 구축함에 있어 최선을 다하였다.

바울교회의 당회는 담임목사의 목회 방침을 향해 '왜 합니까?'가 아니라 '그러면 어떻게 하면 될까요?'를 말하며 방법론을 의논한다. 그러나 이러한 조화와 신뢰가 구축되기까지는 원팔연 목사의 남다른 헌신과 섬김이 숨겨져 있다. 인내와 끈기로, 양보와 포용으로 최선을 다하는 모습, 그리고

교회와 성도를 위한 각고의 노력과 분투가 다년간 쌓임으로 그런 신뢰 관계를 형성할 수 있었다.

그러나 이런 모습은 어

느 교회에서나 찾아 볼 수 있다. 그래서 원팔연 목사만의 특징을 찾는다면 무엇을 하든 성도들보다 먼저 앞서가고, 많이 하고, 빠르게 하는 것이라고 말할 수 있다. 선교지 혹은 부흥회를 다녀온 후 아무리 피곤해도 새벽예배를 빠지지 않고 또한 자신이 직접 인도한다. 혹은 병원 심방을 새벽 시간에 하는 경우도 많다. 평소 낮 시간에는 바쁘게 움직여야 하기 때문에 병원을 직접 심방하기 어려울 때가 많다. 그래서 부교역자들이 각각의 교구를 분담하여 이 일을 담당하여 사역을 보조한다. 하지만 입원환자 혹은 응급환자의 경우 자신이 직접 새벽이든 밤이든 시간을 내서 목회적 케어를 한다. 서울이든 어디든 못 가는 곳이 없다고 할 것이다. 이렇게 동분서주하지만 예배 인도에 게으르지 않고, 말씀 준비는 더욱 철저하게 하며 또한 나태하거나 게으른 모습을 절대로 보이지 않을 뿐 아니라 지친 모습도 보여주지 않는다. 새벽예배 후에는 항상 걷는 운동을 하고 음식을 조절한다. 이런 그의 끊임없는 활동력과 지치지 않는 체력, 그리고 목회자로서 갖추고자 하는 영성에 대한 도전을 미루지 않는 점에서 성도들이 그를 믿고 의지하는 남다름이 만들어졌다고 할 것이다. 자기 의무를 등한시 하지 않고 최선을 다하며, 매사에 성도들보다 앞서 있으면서 최선을 다하는 모습을 보여준다. 이러한 노력이 교회를 순종적으로 만들고 또한 하나님 기쁘시게 하는 일에 집중력을 가진 아름다운 신앙 유산과 분위기를 만들어 낼 수 있었다. 이런 리더십은 당회가 교회와 성도들을 위해 헌신하며 나아갈 수 있도록 만들어 내는 원동력이 되었다.

4. 꿈을 꾸고 실현한 교회

바울교회는 중소형 도시인 전라북도 전주시에 위치해 있다. 30년의 역사를 가지고 현재 1만 명 이상이 출석하는 교회가 되었다. 교회 설립 20년 만에 4,000명이 넘는 성도들이 함께 모여 예배드리는 공동체로 성장하였다. 그러나 이 수는 사실상 실질적인 수라고 보기에는 다소 어려움이 있었다. 제적 정리가 되지 않은 상태에서 파악된 숫자이기 때문이다. 그러나 바울교회는 다른 교회들에 비해 예배가 역동적이고 기도가 많으며 특별히 선교 지향적인 교회라는 점에서 발전의 가능성을 많이 갖고 있는 교회였기에 무한한 잠재력을 가지고 있었다.

새로운 성전이 완공된 후 원팔연 목사의 목회는 한 단계 변모하는 계기를 갖게 된다. 작음에서 위대함으로 변화하기 시작하였다. 2003년도에 교역자 운영체제를 수석부목사 체제가 아닌 기획실 체제로 전환하였다. 더욱 능동적으로 성도들의 신앙과 삶을 이끌어 가기 위해 그 규모를 갖추기 시작하였다. 원팔연 담임목사는 부속실을 가지고 있었다. 그러나 단순히 손님을 접대하는 수준이었다. 그러나 이때부터 부속실을 좀 더 적극적인 기획실 체제로 전환하며 패러다임의 변화를 주어 교회의 체질을 개선하려고 시도하였다. 이러한 안목과 혜안이 발휘되었기에 오늘의 바울교회가 가능하였다고 하겠다.

기획파트는 2005년 새생명축제를 기점으로 교회의 여러 면모에 변화를 시도하였다. 그리고 성도들의 능동적인 삶을 요청하기 시작하였다. 2005년을 기점으로 실질적인 성장세를 파악하며 능동적인 체제로 교회를 전환함으로 2010년대에 이르러 출석 1만 명에 이르는 교회로 성장하게 되었다. 교회의 패러다임의 변화를 통해 성도들의 삶의 변화를 요구하고 이러한 변화를 위한 적극적인 프로그램을 개발하고 적용함으로 가능하였다. 또한 각종 프로그램을 운용하며 성도들이 각자의 삶의 자리에서 하나님 나라를 이루어 갈 것을 집중적으로 요구함으로써 각 직장과 사업체에서 교인들을 중심으로 자발적인 신앙연대가 형성되는 등 부흥의 역동성을 폭발시킬 수

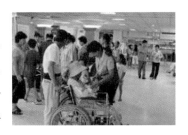

있었기 때문이었다.

5. 패러다임의 변화가 필요하다.

교회가 지역사회로부터 존경받을 때 성도도 존경받게 된다는 생각으로 바울교회는 패러다임의 변화를 꾀하게 되었다. 2005년 교회의 새생명축제를 시작하며 미래 지형적 기획안을 작성함으로 성도와 사회를 향한 패러다임의 변화를 갖기 시작하였다. 아래의 내용은 그 기획안 중 일부이다.

1) 바울교회의 위치

지난 20여 년 동안 꿈처럼 보였던 바울교회의 '전북 제일의 교회'라는 목표가 이제 현실로 다가왔다. 그래서 바울교회 앞에 놓인 과제는 적지 않은 게 사실이다. 이제까지는 대형교회를 따라가는 추종자로도 충분했지만 앞으로는 여러 교회를 선도해 나갈 위치가 되었고 책임과 의무가 주어졌다.

이른바 리더의 고민이 시작되었다. 선두에 선 다음에는 다른 교회를 리드해야 하는데, 1등 교회가 되었지만 아직 1등 교회로서 어떻

게 이들을 리드하고 이끌어야 할지에 대한 논의가 우리 안에서 아직 이루어지지 않았기 때문이다. 그러므로 지금부터 성도들을 지역사회의 리더로 양성할 뿐 아니라 교회가 지역교회를 이끌어 주고 또한 힘이 되어주는 그런 교회의 모델을 만들어 내야 한다. 지역사회를 향한 교회의 존재 목적을 분명히 함으로 전주와 전북을 향한 패러다임의 변화를 이루어야 한다.

바울교회의 딜레마는 여기에 있다. 지금까지는 달려가기만 하면 되었지만 이제는 이끌고 가야 한다. 이끌고 가는 것에 대한 경험이 없기에 이는 창조적인 작업이 되어야 한다. 그 창조적인 작업을 위해서는 무엇이 필요한지를 고민하고 그 해답을 찾아내야 한다. 목회적으로 교인을 리드하면서도 사회적으로는 다른 교회들을 이끌 수 있는 진정한 패러다임의 변화가 이루어져야 한다.

2) 존경받는 교회로의 전환

뉴리더로서의 패러다임의 새 선언으로 바울교회는 '존경받는 교회'라는 새로운 패러다임을 설정해야 한다. 존경이란 교인을 넘어 신앙인, 신앙인을 넘어 전주시민, 전주시민을 넘어 전북과 대한민국, 그리고 세계인들의 존경까지 포함할 수 있어야 한다. 이를 위해,

(1) 패러다임의 변화

(2) 조직의 변화

(3) 인재의 양성

(4) 성장을 위한 준비와 실천

(5) 브랜드 가치에 대한 평가와 도전을 이루어야 한다.

이러한 점에서 지금까지 이어왔던 총동원 전도주일에 대한 개념 접근을 달리해야 한다. 행사를 하되 이 행사를 통해 향후 발전 방향에 대한 교회의 내적 파워를 만들어 내는 방향으로 전환시켜야 한다. 이를 통해 바울교회에 대한 전주시민들의 시각을 바꿀 수 있어야 할 뿐 아니라 전주시민을 향한 바울교인들의 자부심과 긍지를 만들어 내야 한다.

3) 변화하려고 하는 자세

패러다임의 변화란 이제 양적 수준에서 질적 수준으로의 수용성을 가져야 한다. 다시 말해 질적 성장이 양적 성장을  이루게 할 만큼 양적인 에너지는 충전되었으므로 이를 사용하여 새로운 변화를 이끌어야 한다는 사고의 변화가 필요하다. 어느 정도 양적 성장을 이룬 상태라면 이미 그 조직은 성장력을 가진 상태이다. 따라서 양질의 영양분을 공급하면 그 성장의 속도는 기하급수적으로 이루어진다. 즉 폭발력이 생길 뿐 아니라 그 힘의 전이도가 상승하여 고속 질주가 가능하다. 이를 위해서는 변화를 두려워해서는 안 되며 무엇보다 차세대 체제에 대한 준비가 이루어져야 한다. 그렇다면 준비는 무엇인가?

혁명과 변화가 어떻게 다른가를 먼저 살펴야 한다. 혁명은 'revolution'이다. 그러나 변화는 'evolution'이다. 모든 것을 바꾸어 내는 것이 혁명이다. 혁명은 수동적인 의미이다. 어떤 힘에 의해 외부적으로 변화를 갖는 것이다. 그러나 변화는 능동적인 의미이다. 자신의 상황을 점검하고 스스로 발전을 위해 목표를 설정한 후 내일을 향해 자신을 정비해 나아가는 점진적이고 실천적인 변화이다. 혁명에서 발전은 객체이지만 변화에서의 발전은 주체이다. 이런 점에서 우리는 지향점을 찾고 여기에 맞추어 변화해야 한다. 'R'자가 하나 더 있고 없는 것은 사실 큰 차이가 없으나 그 내용은 커다란 차이가 있음을 알 수 있다. 따라서 변화 자체는 아무것도 아닌 것 같지만 그 내용을 살피면 결코 작은 일이 아니며 변화가 시작되는 그 시점부터 파워가 동반된다. 그리고 그 힘은 파괴적인 힘이 아닌 세움의 힘이 된다. 따라서 우리에게 변화하려는 자세가 있을 때 우리는 발전하고 부흥하게 된다. 여기서 변화하려고 하는 욕구가 바로 준비이다.

4) 브랜드 가치에 대한 인식

무엇보다도 바울교회라고 하는 브랜드 가치를 높여야 한다. 브랜드 가치를 높이는 일은 대 사회적 사역에 기반을 둘 수밖에 없다. 교인뿐 아니라 외부 성도를 위한 투자와 비신앙인들을 위한 투자가 함께 이루어져야 얻을 수 있다. 그리고 단기적인 결과보다는 장기적인 결과를 기대하고 준비해야 한다. 그 준비가 충분히 이루어질 때 성장은 급속도로 파급된다. 그리고 유능한 경영이 이루어져야 한다. 바울교회에서의 경영은 구역 조직이다. 구역 조직의 성공적 운영이 뒷받침되지 않으면 발전은 없다. 교육부서는 인재 양성에 힘써야 한다. 그러나 인재는 교역자 인재와 교인 인재로 구분하여야 한다. 우수한 교역자 인력에서 좋은 인재를 창출해 낼 수 있다. 이러한 전체적인 준비 체계를 통해 내일을 향한 전략이 수립되어야 한다.

5) 바울교회의 지향점

그렇다면 현 바울교회의 위치는 어떠한가? 바울교

회의 브랜드 가치는 무엇인가? 담임목사님의 강력한 설교, 이에 바탕을 둔 역동적인 예배, 풍성한 찬양, 많은 기도회 시간, 선교 지향적 목양 등이라고 할 수 있다. 그러나 이 시점이 대 사회적으로 오픈된 교회로서의 면모를 갖추어야 하는 때가 된 것이 아닌가 싶다. 이를 위해 전주시의 믿는 성도를 위한 차원과 믿지 않는 사람들을 위한 차원으로 구분하고 홍보 및 프로그램 개발 전략을 수립하여 체계적으로 접근해야 한다. 전주의 최상위의 교회로서의 다양한 신앙 세미나와 프로그램 등을 공급해야 한다. 전주에서 흔히 접할 수 없는 전문 강사들을 초청하여 서비스를 제공해야 한다. 뿐만 아니라 일반 사회단체에서도 다루기 힘든 각종 문화적 이슈들을 적극적으로 교회가 문을 열어 수용해야 한다. 일반 시민들이 필요로 하는 여러 사회, 문화적 프로그램을 공급할 수 있어야 한다. 또한 바울교회의 각

종 하드웨어와 소프트웨어를 동원하여 이러한 행사들을 기획하고 실행하면서 최상의 서비스를 제공하는 것이 필요하다. 이런 필요들에 대해 능동적으로 접근해 갈 때 바울교회의 브랜드는 전주시민들의

머릿속에 각인되고 좋은 교회, 존경받는 교회로서의 자리를 확고히 굳힐 수 있게 된다.

이러한 시도는 성도들의 위상 또한 높여준다. 이 고양된 위상은 성도들이 각자의 삶의 자리에서 그리스도인임을 드러내며 살아가는 용기가 되어줄 수 있다. 그리고 바울교회를 자랑하고 드러내고 싶어 하게 될 것이며 이것을 통해 바울교회의 새로운 파워가 만들어지게 될 것이다. 이러한 환경이 조성된다면 교회는 성도를 통한 직접 전도와 교회 브랜드를 통한 간접 전도에 탄력을 받게 되고 큰 부흥을 이끌어 낼 수 있게 되어 새로운 교회로의 전환을 이룰 수 있게 된다. 그 결과 교회와 성도는 서로 상생하며 하나님 나라를 향한 도전을 더욱 크게 이룰 수 있게 될 것이다.

2005년을 기점으로 한 이러한 패러다임의 변화는 사실상 원팔연 목사의 적극적인 목회관에서 비롯되었다고 할 수 있다. 지금까지의 부흥보다는 좀 더 브랜드화된 부흥의 불길을 일으킴으로써 전주의 바울교회가 아니라 교단을 대표하는 교회, 더 나아가 한국교회에 새로운 모델을 제시할 수 있는 교회로의 전환을 이루고자 하는 그의 열망이 점점 빛을 보게 되었다. 그의 교회관은 성도들이 구원받은 백성으로서 이 세상 가운데서 살아가는, 다시 말해 복음적인 삶을 각자의 삶의 터전에서 이루며 살아가도록 만드는 것이다. 하지만 이렇게 살기란 참으로 쉽지 않는 일이기에 용기를 불어넣어 주기 위해서 교회의 위상을 일반 사회에서 존경할 수 있도록 만들어 주어야 한다. 또한 성도들이 교회를 통해 이러한 자신감을 공급받을 수 있도록 다양한 일들을 기획하고 진행해야 한다는 관점에서 모든 계획이 수립되고 입안되었다. 따라서 모든 프로그램은 성도들이 그리스도인임을 자랑스러워할 수 있도록 만드는 것이 목적이고 교회의 일련의 프로그램들을 통해 훈련을 제공함으로 복음의 삶을 위해 때로는 양보하고 때로는 도전을 할 수 있도록 기획하고 조성하는 데 있었다. 복음적 삶을 적용할 수 있도록 하는 데 초점을 맞춤으로써 역동적인 힘을 만들어 낼 수 있었던 것이다.

6. 성도들의 삶의 자리를 분석하다.

1) 바울교회 성도들의 구성 분포

전라북도의 지역적 특성은 부동산으로 인한 갑작스런 부유층이 등장할 수 없다는 점이다. 또한 지역에 대기업이 자리하고 있지 않기 때문에 대부분의 시민들은 소상공인들과 공무원 혹은 작은 기업의 근로자로 구성되어 있다는 점이다. 그래서 바울교회의 성도들도 대부분 소상공인들과 소규모

직장인들, 그리고 공무원과 교사 등으로 구성된 소시민 집단이라는 점이다. 교수나 의사 등 전문직 비율 또한 크지 않지만 이러한 전문직에 있는 교인들의 경우 매우 신앙적이고 헌신적인 경우가 많다. 그러나 특징적인 면은 노년층보다 젊은 교인들이 더 많다는 점이다. 특별히 남성 성도들이 많고 그 활동도 왕성하다는 점이다.

이와 같이 바울교회의 성도들은 지극히 작은 소시민 집단이다. 예수 그리스도께서 만났던 갈릴리의 회중들과 같은 소시민 집단이라고 할 수 있다. 비록 그 규모가 1만여 명에 이르고 있지만 대부분의 성도들이 교회의 목양에 충실하게 반응하며 크게 요동하지 않고 소리가 작다고 표현할 수 있다. 그러나 복음에는 민감하게 반응하며 하나님을 기쁘시게 하는 일에 대한 집중력이 강하고 그래서 선교적 차원의 활동이 왕성하다는 것이 특징적이다. 전주시에는 100여 년의 역사를 가진 교회도 많고 지역사회에 깊이 뿌리를 내리고 있는 교회들도 많다. 일찍이 선교사들에 의해 개척된 교회들도 많기에 역사와 전통이 지역사회의 역사와 전통과 맞물려 있는 교회들도 많다. 지역사회에 뿌리를 깊이 내리고 있는 교회가 많다는 의미이다.

그러나 바울교회의 역사는 30여 년밖에 되지 않는다. 그래서 지역사회와 깊은 연대를 갖기가 쉽지 않았다. 따라서 교회가 세워지고 부흥하기
시작한 시점에는 변화와 새
로운 시도에 능동적인 소시
민들과 젊은층들이 많이 등
록하였다. 그리고 이들을
통해 부모들과 이웃들이 전도되어 전통사회와 유대감을 만
들어 갔다. 따라서 바울교회는 극히 서민적이면서도 젊은이
들이 많고 또한 이들을 통해 뿌리 깊은 지역사회와 연대하
여 어른들이 전도되는 그러한 경향성을 갖고 있었다. 부모가
자녀들을 이끌기보다는 젊은 3, 40대의 자녀들이 부모를 교
회로 이끄는 형태로 발전하였다. 어른 중심의 전통적인 지
역사회의 특징을 젊은 세대들을 통해 교회 안으로 유입시킨
성공적인 케이스이다. 이런 바탕을 갖고 있는 바울교회 성도
들의 구성 분포는 비교적 역사가 짧은 교회인데도 불구하고
젊은층과 노년층이 적절하게 분포되어 있고 또한 가족단위
성도가 많다는 점도 특징적이다. 그리고 극히 서민적이면서
소상공인들과 지역의 근로자들, 그리고 공무원들이 많은 것
도 그 특징이라 할 수 있다.

　또 다른 면모를 하나 더 살펴본다면 공무원들 가운데 교
육공무원들이 특별히 많다는 점이다. 이는 지역적 특성에 따
른 경향성이라고 할 수 있다. 전라북도의 경우 대부분 전주

를 중심으로 한 시간에서 한 시간 반 거리에 학교들이 위치해 있다. 전주는 전라북도의 정중앙에 위치해 있고 또한 전라북도가 그렇게 크지 않기 때문에 대부분의 교육공무원들은 근무처가 있는 곳보다는 전주시에 거주하면서 출퇴근하는 경우가 많다. 그리고 이들은 또한 연대성이 다른 집단보다 강한 특성이 있기 때문에 한 사람이 전도되거나 스스로 교회를 찾더라도 개인만이 아닌 집단으로 교회에 유입되는 경우가 많다. 또한 기존 성도들이나 청년들 가운데 교육공무원이 된 경우에도 교육공무원의 연대감이 작동되어 다른 교원들을 교회로 이끄는 경우가 많다. 그래서 3, 40대의 젊은 교육공무원이 많은 것도 바울교회의 특징 중에 하나이다.

또한 바울교회는 성도들이 교회를 자랑스러워할 만한 여러 일들을 기획하고 실행함으로 교인 상호간의 연대성을 능동적으로 만들어 주고 있다. 이런 연대성은 교회에서 뿐 아니라 각자의 직장에서도 역할을 하게 된다. 그래서 한 사람의 직장인이 교회로 인도되면 줄지어 함께 들어오는 경우가 많다. 이러한 직장 내 연대성은 특별히 공무원 사회에서 강하다고 할 것이다. 그래서 바울교회에 공무원들의 비율이 높은 것도 그 특징 중에 하나라고 할 것이다. 전주시장과 전라북도지사뿐 아니라 국회의원 등이 바울교회의 성도가 된 것은 결코 우연이 아닐 것이다.

바울교회 장로들의 직업적 분포도를 살펴보면 성도들의 분포 특성을 더욱 명확히 해석할 수 있다. 2010년 당시 시무장로 53명, 원로장로 11명, 협동장로 2명으로 총 66명에 이르는 장로회는 소상공인(식당 포함)이 25명, 교사 18명, 교수 2명, 은행업 3명, 건축업 2명, 개인사업(소상공인보다는 규모가 큼) 3명, 의사 4명, 의료행정직 3명, 공무원 2명, 일반 직장인 1명, 농업 1명, 택시업 1명, 법무사 1명으로 구성되어 있다. 소상공인과 교사 출신의 장로가 압도적으로 많다는 것은 바울교회의 회중 분포가 지극히 서민적임을 보여주는 내용이라 할 것이다.

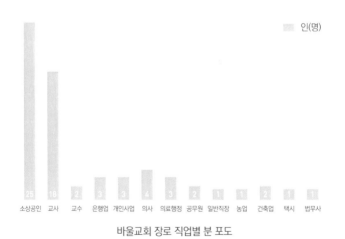

바울교회 장로 직업별 분포도

2) 성도들에게 맞는 프로그램 개발

원팔연 목사는 지극히 서민적인 성도들이 각자 삶의 자리에서 복음적인 삶을 살아갈 수 있도록 독려하고 이끄는 목회적 지향성을 갖고 있다. 서민적인 회중의 삶은 극히 단순하다. 일상적인 삶에서 삶의 의미를 찾고 때로는 넘어진다. 매일 이웃들을 만나고 동료들을 만난다. 새로운 도전보다는 일상적인 삶을 살아간다. 다시 말하면 인간관계의 폭이 한정되어 있고 익숙한 상태라는 점이다. 그리고 전통적인 지방도시의 특성이 가미된 밀접한 이웃관을 갖고 있다. 만남의 폭이 제한되어 있기 때문에 새로운 관계보다는 기존의 관계가 지속된다. 갈등의 요인도 매일 유사할 수 있고 일상적이며 획일적일 수 있다. 성도들은 평범한 삶을 살아가고 있고 이 평범함으로 이웃들과의 관계성 속에서 그리스도인의 자존감을 만들어 가기가 쉽지 않다.

그래서 원팔연 목사는 성도들이 일상적인 관계성 속에서 이웃들과 복음적 관계를 만들 수 있도록 각종 프로그램을 개발하고 제공하는 것이 중요하다고 생각하였다. 성도들이 교회를 자랑스럽게 생각할 수 있도록 만들어 주고, 교회에 대해서 이야기할 수 있도록 이야깃거리를 제공 해 주고자 하였다. 그리고 이러한 대화가 교회에 관한 것에서 복음으로 전도될 수 있도록 하기 위해 그리스도인의 사명에 대

한 복음을 강력하고 줄기
차게 선포하였다.

그래서 교회는 각종 전
략적인 프로그램들을 통해
성도들이 이웃들과 대화할
수 있는 요소들을 제공해 주고자 체험적인 신앙을 강조하였
고 이것은 곧 성도들의 다양한 모임과 봉사를 통해서 드러
나게 되었다. 성도들의 소집단 모임을 활성화시키고 다양하
게 개발하였다. 여기에는 각종 신앙적 양육 프로그램들 뿐
아니라 문화, 체육, 예술 등 각각의 모임들이 활성화되도록
최대한 지원하여 성도들이 교회를 통해 배우고 나누는 것들
이 다양해질 수 있도록 준비하고 만들어 냈다. 또한 성도들
상호간 혹은 이웃들과의 관계성을 의미 있게 바라볼 수 있
도록 끊임없이 가르치고 강화하였다. 그리고 그 관계성 속에
서 그리스도인으로서의 삶의 자세를 잃어버리지 않도록 끊
임없이 강조하고 요구하며 만들어 가고자 한 것이 그의 목
양적 특징이며 설교의 방향성이다.

그러나 이런 요소들은 다른 교회에서도 흔히 볼 수 있다.
문화 예술 등을 기반으로 한 소집단 활동을 문화센터라고
하는 방식을 통해 갖추고 있는 교회들이 많다. 하지만 다른
교회들도 하고 있으니 우리도 한다는 식의 전개는 성도의

능동적인 파워를 만들어 내지 못한다. 하지만 원팔연 목사는 이런 활동들을 면밀히 분석하고 그 목적과 방향을 바르게 제시하며 전략적으로 사용하여 성도들의 파워를 만들었다. 교회가 전략과 전술을 가지고 프로그램을 개발하여 성도들에게 제공하고 이를 통해 성도들이 능동적으로 그리스도인으로서 삶의 자리에서 살아가도록 하는 끊임없는 연구 개발이 계속되었다는 점이 남다름이다. 결코 위대함은 우연히 이루어지지 않는다. 모두가 주님의 은혜이지만 그 은혜의 통로를 기대하면서 분석하고 계획적으로 준비하고 노력하고 있다는 점이 그의 강점이다.

제3장

———

대형교회로의
전략을 말하다

제3장

대형교회로의 전략을 말하다

꿈은 누구나 꾼다. 그러나 누구나 이루는 것은 아니다. 그 꿈을 실현하기 위해 부단히 기도하며 노력하며 나아가는 자만이 그 꿈을 이루게 된다. 그 꿈을 이루기 위해 각 단계마다 성장 방향과 방법론에 대한 연구와 기획이 지속적으로 이루어지고 실천되어야 한다. 이러한 전략적 관점의 바탕 위에 부흥하는 바울교회를 항상 생각하는 것이 그의 목회의 일관성이다. 그는 교회 부흥을 위한 전략과 전술을 구분하였다. 전쟁과 전투를 구분할 줄 알았다.

1. 기본 요소에 충실한 교회가 되다.

교회가 부흥의 길을 달리기 위해서는 먼저 갖추어야 할 기본적인 요소를 충실히 준비해야 한다. 하나님의 기대와 뜻에 부응함으로 미래가 있는 교회, 자녀들이 자랑스러워하는 교회, 성도의 아름다운 교제와 양육이 있어 부흥하는 교회, 지역사회의 존경 받는 교회를 만들기 위해서는 먼저 예배, 말씀, 목양, 선교, 교육, 나눔 등 교회가 갖추어야 할 기본적인 요소들을 충실하게 준비해야 한다. 즉 교회 부흥이라는 전쟁에서 승리하기 위해서는 예배, 말씀, 목양 등 각종 전투 또한 승리할 수 있어야 한다. 그래서 전략과 전술을 수립해야 한다.

원팔연 목사는 목회의 방향을 기본에 충실한 교회로 만들어 파워를 형성하고 이 파워를 바탕으로 부흥의 길을 달려가는 그런 교회를 만드는 데 중점을 두었다. 교회의 내부적인 힘을 정확히 진단하고 성도의 아름다운 교제와 양육을

바탕으로 내적 힘을 극대화하였다. 교회의 위치적 한계점을 뛰어넘기 위해 지역사회가 필요로 하는 요구를 충분히 파악하고 교회 부흥에

대한 성도들의 열망을 깨워내기 위해 성도들과의 신뢰를 구축하고 바른 비전을 제시함으로 성장의 길을 달릴 수 있도록 하였다.

사실 부흥하는 교회들은 어떤 한 프로그램에 의해서 만들어진 교회들이 아니다. 여의도순복음교회, 명성교회, 소망교회, 금란교회 등 대형교회들을 살펴보면 교회가 갖추어야 하는 전통적인 요소들에 충실하였다고 할 수 있다. 물론 온누리교회나 사랑의교회 그리고 휴스턴 서울교회 등과 같이 제자훈련이나 가정교회와 같은 특별한 프로그램에 의해서 성장한 교회들도 있다. 그러나 이들 또한 성장의 기틀은 교회의 생성 단계 때부터 교회가 갖추어야 할 전통적인 요소들을 충실히 구축하며 나아갔기에 대형교회가 될 수 있었다. 바울교회의 목회적 특징 역시 이벤트성 프로그램이나 특별한 양육 프로그램에 의해서가 아니라 교회의 기본적인 요소들을 충실하게 세우며 그 요소들을 극대화하기 위한 노력에서 시작되었다고 할 것이다.

이런 면에서 목회자는 성장을 향한 경험과 노하우가 있어야 한다. 교회 부흥을 맛본 사람이 부흥을 이끌어 낼 수 있기 때문이다. 한국교회

의 대표적인 목회자들도 교육부서를 맡았던 신학생 시절부터 부흥을 맛보았던 목회자들이다. 사람은 결국 자신의 경험에 의해서 만들어지기 때문이다. 그러므로 작은 부서에서부터 부흥을 이끌고 맛본 사람들이 담임목회의 자리에서도 부흥을 이끌어 낸다. 부흥하는 공동체를 이끌어 본 사람만이 부흥을 또 맛보고 싶어 하기 때문이다. 원팔연 목사는 일찍부터 부흥을 맛본 사람이었다.

원팔연 목사야말로 부흥을 선두에서 이끌어 본 사람이었고 그 경험을 바탕으로 어디서든지 부흥을 꿈 꿀 수 있는 사람이었다. 교육부서를 맡아 사역했던 신학교 시절부터 부흥하는 경험을 하였다.

부교역자의 경우에도 부흥하는 교회를 꿈꾸고 맛본 사람이 이 일을 할 수 있다고 원팔연 목사는 생각하였다. 따라서 부흥하는 공동체를 만들어 낼 수 있는 부교역자 그룹을 만드는 것이 또 하나의 과제 중 하나라고 생각했다. 부교역자의 위치 선정에서부터 업무 역할에 대한 관리 감독을 철저하게 하였다. 그러나 최대한 자율성을 보장하였고 좋은 결과를 위해 자기를 희생할 줄 아는 사람을 중용하였다. 이러한 점을 중심에 두고 부교역자 선발과 시스템을 부흥하는 교역자 조직으로 만들어 냈다. 부흥에 대한 교육과 리더십의 조화를 통해 부흥하는 교회를 향한 열정 있는 부교역자 그룹을 만들어 내기 위해 투자를 아끼지 않았다. 교역자 그룹부터 부흥의 열망을 준비하는 체제로 만들고 교회를 전체적으로 부흥을 향한 공동체로 디자인하였다. 또한 부교역자는 각자 담당한 부서에서 구체적인 부흥 방안을 기획하고 운영하도록 독려하였다. 조화를 강조하면서도 창조적인 목회 역량을 끊임없이 요구하고 또한 발전할 수 있도록 하였다. 방치가 아니라 관심을, 강조가 아닌 자주적인 목회를 하도록 요청하며 또한 가르치고 양육하였다. 우연히 좋은 부교역자 그룹을 가지게 된 것이 아니다.

2. 교회 이미지의 재형성에 포석을 두다.

교회가 성장의 길을 달리기 위해서는 지역사회의 저변에 교회에 대한 이미지를 발전적으로 만들어야 한다. 바울교회는 새로운 이미지를 지역사회에 구축할 수 있는 전략적 차원의 접근을 수립하며 지속적으로 발전시켜 나갔다.

첫 번째로, 자녀 교육에 대한 각별한 욕구를 적극적으로 교회 현장 안으로 가지고 들어왔다. 일반 학교 교육 현장에서 필요로 하는 학부모들의 욕구를 수용하였다. 그래서 양질의 강사들을 초청한 자녀 교육 세미나 등을 개설함으로 지역주민과 접촉할 수 있는 좋은 기회를 만들었다. 전통적으로 전주는 교육도시라고 할 정도로 교육적 열망이 강한 곳이다. 그러나 지역의 산업 기반이 약하고 경제 규모가 크지 않기 때문에 자녀 교육에 대한 열망은 많지만 충분한 교육적 기회를 마련해 주기 어려운 형편에 있는 가정들이 많은 지역적 특성이 있다. 이에 자녀 교육에 대한 다양한 프로그램들을 제시하고 제공하는 데 전략적으로 접근하였다. 자녀들의 미래와 관련된 교육 정보를 제공하는 세미나를 개최하고 또한 교육 프로그램을 제공함으로써 앞서가는 교회라는 이미지를 만들어 내는 효과를 가져왔다.

이런 방법은 그 필요를 느끼는 대상에게는 정보와 도움을 주고 지역사회에는 교회에서도 이런 일들을 하며 앞서가는구나 하는 인상을 만들어 준다. 또한 교인들에게는 교회를 자랑할 만한 이야깃거리를 제공함으로 교회를 더욱 자랑스러워할 수 있는 마음을 만들어 주는 결과를 가져왔다. 이런 행사의 경우 교회 주보를 통해 홍보하는 데 그치지 않고 포스터나 현수막 등을 전주 시내 전역에 설치하고 또한 각종 신문 간지를 통해 홍보함으로 전주시민들 전체가 알 수 있도록 했다. 또한 일반 라디오 방송에서도 황금 시간대인 출퇴근 시간을 활용하여 홍보할 뿐 아니라 지역방송국의 인기 있는 아나운서의 음성을 통해 광고물을 만드는 등 일반적으로 그동안 교회가 사용했던 방송 광고의 방법을 뛰어넘는 파격을 만들기도 했다.

출퇴근 시간에 버스나 자가용의 라디오에서 "전주시를 사랑하는 바울교회에서 준비하였습니다."라는 방송 광고가 송출될 때 일반시민들은 일반방송에서 교회의 광고가 나온다며 관심을 갖고 교인들은 방송에 나온 바울교회가 우리 교회라며 자랑스러워하게 된다. 교인들과 교인들 주변에 있는 이들에게 이야깃거리를 만들어 주는 것이다. 이런 식으로 교인들이 누구에게나 우리 교회에서 이런 유명 강사를 초청해서 세미나를 한다는 식의 자랑과 함께 교회에 대한 자부심을 만들어 줌으로 일석이조, 일석삼조 이상의 효과를 만들어 내는 것이 바울교회의 전술과 전략이라고 할 것이다.

두 번째로, 현대 사회의 가장 치명적인 약점 가운데 하나인 가족관계의 약화에 따른 위기라고 할 것이다. 이를 극복할 수 있는 여러 방안들을 교회가 적극적으로 모색하고 제시해 주었다. 바쁜 현대인들은 가족 간의 유대가 약화될 수밖에 없다. 부부간의 대화가 줄어들고 부모와 자녀간의 대화도 쉽지 않은 사회적 환경이 가정의 위기를 만들어 내고 있다. 바울교회는 부부관계를 돕거나 부모와 자녀간의

관계성을 긍정적으로 형성할 수 있도록 돕는 세미나 등 건강한 가족을 위한 세미나 및 컨퍼런스를 마련하여 지역사회와 소통하려는 노력을 많이 기울였다. 이런 일들을 통해 지역사회와 소통할 뿐 아니라 성도들에게 우리 교회가 이런 일도 한다는 자부심을 심어주려는 차원에서 접근하였다. 지역사회의 1등 교회로서 이런 일들을 준비해 지역사회를 선도하고 지역의 필요에 민감하게 반응하는 교회라는 이미지를 교회 내외부적으로 형성하는 작업을 지속적으로 해낸 것이다. 성도들에게 우리도 할 수 있다는 생각과 우리 교회니까 이런 일을 한다는 생각을 불어넣어 주는 데 주안점을 둔다. 그리고 기도하며 준비한다면 불가능을 가능케 하시는 하나님의 능력을 체험하게 될 것이며 지역사회를 이끌어 주는 교회가 되었다는 교회의 고백적인 체험을 만들어 낸다. 그리고 이러한 체험들이 성도 개인의 삶 속에서도 적용되고 꿈으로 만들어질 수 있도록 이끌어 주고 있다. 이런 과정을 통해 성도들이 하나님과 동행하며 의지하는 삶을 살아갈 수 있었다. 이러한 바울교회는 부흥하지 않을 수 없었으며 교회가 부흥하는 만큼 성도들의 삶도 함께 부흥하게 되었다. 원팔연 목사의 목회적 지향점과 교회의 전략이 하나를 이뤄 일관성을 가지고 지속적으로 진행한 결과가 바로 오늘의 바울교회인 것이다.

세 번째로, 또한 지역사회의 문화적 욕구에 응대를 할 수 있는 준비를 갖추고 노력하였다. 비록 큰 행사는 아닐지라도 작은 문화 행사부터 준비하고 실시하면서 교회의 새로운 면모를 제시하고 또 좋은 이미지를 만들어 냄으로 교회의 브랜드 가치를 만들고 이미지 형성에도  적극적으로 활용하였다. 이러한 행사가 기획되면 전주시 혹은 전라북도를 아우르는 홍보 전략을 기획실에서 수립하고 교역자 그룹에서 적극적으로 움직인다. 그리고 성도들이 열정적으로 참여함으로 그 에너지를 만들어 낼 뿐 아니라 지역사회와 밀접한 관계성을 만들어 낸다. 이런 행사에는 지역사회의 공공단체를 초청하고 출연의 장도 마련해 줌으로써 교회의 대 사회적 관심과 소통을 보여준다. 또한 교회가 지역사회를 위해 좋은 일들을 많이 계획하고 준비하고 있음을 알림으로 지역사회에 자연스럽게 스며드는 교회의 전략을 가지고 접근하였다. 이런 노력들은 교회의 새로운 이미지를 구축하는 데 큰 역할을 담당해 주었다. 또한 지역사회와 면밀히 소통하기 위해 각종 봉사 단체 및 문화센터 등을 개설하여 운영하였다.

이러한 일련의 프로그램들을 통해 교회가 다차원적인 부

흥의 길을 달릴 수 있는 여건들을 조성하였다. 어떤 한 요소에 치우치기보다는 교회가 갖추어야 할 제반 요소들을 충실히 파악하고 준비하였다. 교회가 부흥하기 위해서는 전략적이고 전술적인 면이 필요함을 원팔연 목사는 일찍 깨달은 것이다. 내적으로는 교회를 든든하게 만들어야 하고 외적으로는 성도들이 각자가 생활하고 있는 단위에서 소통할 수 있는 좋은 기회를 만들었다. 이러한 환경을 잘 만들어 성도들의 교회에 대한 자부심을 높이고 결국 이러한 자부심이 교회의 부흥을 향한 새로운 힘으로 작용하도록 조성하고 이끌었다. 모든 프로그램은 기도로 준비되어야 하고 교인들이 세상을 향한 포용적 마인드를 갖게 함으로 교회는 내적으로 더욱 강력해질 뿐 아니라 외적으로도 그 힘을 발산할 수 있도록 모든 목회적 역량을 조성하였다. 이런 점이 바울교회의 강점이자 장점이다. 교회의 일을 교회 외부로 흘려보낼 줄 아는 것이 남다른 특징이라 할 것이다.

3. 부흥을 위해 성도들을 준비시키다.

교역자가 부흥하는 공동체를 조직하고 이끌어 간다면 그 실질적인 일은 성도가 담당한다. 그러므로 무엇보다 성도들의 준비가 중요하다. 이를 위해 먼저 내적 준비를 이룰 수 있어야 한다. 능동적인 동기부여가 이루어져야 함을 의미한다고 하겠다. 왜 교회가 부흥해야 하는지에 대한 교인들 상호 간의 이해가 마련되어야 한다.

부흥은 하나님을 가장 기쁘시게 하는 일이고 하나님이 우리를 기뻐하시면 우리의 삶은 복된 삶이 된다고 원팔연 목사는 확신한다. 하나님을 기쁘시게 함으로 우리의 삶도, 그리고 우리의 전도 대상자들의 삶도 복된 삶으로 변화될 수 있다고 성도들에게 꾸준히 가르쳐 왔다. 이런 삶을 누리는 복의 주인공이 되어야겠다는 자신감 있는 신앙을 정립할 수 있도록 성도들을 도우며 양육하는 것이 목회적 주안점이기도 했다. 복을 바라기만 하는 신앙이 아니라 복을 만들어 내며 나누어 주는 성도와 교회가 되는 것이 중요하다. 따라서 부흥을 통해 하나님을 기쁘시게 하고 그 기쁨을 누리며 살아가는 복된 공동체를 만들고 지역사회와 믿지 않는 사람들에게까지도 존경받는 교회와 성도가 된다고 하는 대주제를 이끌고 온 것이 원팔연 목사의 목회 열정이라고 할 수 있다. 성도들이 즐겁고 기쁜 마음으로 체험적인 부흥의 주인공들이 될 수 있도록 준비하며 이끌었다.

하지만 성도들에 대한 교회 내적 준비만이 아니라 교회 외적 준비로 방향을 전환시키는 시각을 꾸준히 유지하였다. 교인들이 모이기에 힘쓰도록 한 것만이 아니라 삶의 자리로 흩어지도록 적극적으로 개입하였다. 그래서 성도들이 실제적인 삶의 현장에서 전도할 수 있는 능력을 갖추도록 하는 방식으로 모든 일을 진행하였다. 바울교회 성도들은 전도해야 한다는 생각을 많이 품고 있다. 이런 노력이 지속적으로 성도들에게 영향을 미침으로 전도는 삶의 자연스러운 부분이 되었다. 그래서 눈만 뜨면 전도, 전도, 입만 열면 전도, 전도 하는 것이 바울교회 성도들이라고 말할 정도가 되었다.

다시 말해 성도들이 이런 마음을 품게 만드는 것이 목적이고 또한 이런 마음을 품은 성도들은 삶의 자리에서 전도를 해야 한다는 의무감으로 더욱 활기차고 밝게 생활한다. 전도형 교인을 만들면 성도의 삶이 더욱 박진감 있게 만들어진다고 원팔연 목사는 믿고 있었다. 전도의 능력은 태생적으로 습득된 것이 아니라 학습되고 준비된다고 그는 또한 믿는다. 그래서 지속적인 전도 세미나와 훈련의 기회를 제공하였다. 각종 전도대를 구성하되 성도들 사이에서 자발적이고 기쁨에 찬 전도대 운영이 될 수 있도록 하였다. 전도대는 하나의 방법일 뿐 실제적인 전도는 성도의 삶 속에서 이루어지도록 조성하였다. 그래서 전도에 활용할 수 있는 여러 요소들을 교회는 준비하고 개발하였다. 특별히 이런 준비물을 위해 바울교회는 문서출판부를 설치하고 적극 활용하였다. 교회 소개용 리플릿, 전도용 영상물, 교회 신문, 전도용 소책자 등 다양한 부분을 준비하여 사용할 수 있도록 제공하였다. 이러한 목회 철학과 준비는 바울교회가 대형교회로 성장할 수 있는 기틀이 되었다. 그리고 그 모든 일의 중심에는 원팔연 목사의 강력한 리더십이 있었다. 이러한 리더십은 2000년도에 들어서면서 새롭게 준비된 성전과 함께 더욱 힘차게 진행되었다.

4. 예배를 잘 드리라.

예배는 성도의 본분이다. 하나님을 믿는 사람으로서 하나님을 경배하는 행위가 예배이기 때문이다. 이 예배를 통해 성도는 하나님의 은혜를 체험하고 새 힘을 공급받게 된다. 그러므로 교회의 다양한 요소 중 예배가 가장 중요한 요소라고 할 수 있다. 모든 요소들은 바로 예배를 잘 드릴 수 있도록 조성해 주는 역할을 해야 한다. 원팔연 목사는 교회의 다양한 프로그램들을 통해 결국 하나님을 고백하는 성도를 만들고 이 고백이 예배를 통해 거

룩한 모습으로 표현되고 경배되도록 만드는 데 집중하였다. 목양은 결국 양질의 다양한 프로그램들을 제공함으로 성도들이 교회에 오고 싶게 만들고 예배를 잘 드릴 수 있도록 하는 것이라고 그는 믿는다. 그러므로 바울교회는 예배에 중점을 두고 사역을 이끌었다고 해야 할 것이다. 모든 사역이 예배에 집중하고 성도들이 예배를 잘 드릴 수 있도록 하는 것이 맞추어졌다. 그래서 예배는 언제나 역동적이고 파워풀하게 구성되고 드려졌다.

바울교회는 매주일 1, 2, 3, 4, 5, 6부 예배와 저녁예배, 수요 1, 2부 예배, 금요철야예배, 새벽예배 및 매일 드리는 정오예배와 심야예배 등이 있어 어느 교회보다 예배가 풍성하다. 정오예배는 매일 정오에 드려지는 예배이며 심야예배는 매일 밤 11시 30분부터 30분간 드려진다. 정오예배와 심야예배는 30분 간 드려지지만 예배가 끝난 후에는 자유롭게 통성으로 기도하는 시간이 이어진다. 이때는 각자 원하는 대로 계속 기도할 수 있다. 목회자가 말씀을 선포하고 함께 기도제목을 주고 기도한다. 공동으로는 교회를 위해, 그리고 담임목사님과 교역자들의 사역을 위해, 각 기관을 위해, 그리고 그때그때의 특별 행사들을 위해 기도제목이 주어진다. 작게는 5명에서 많게는 40여 명까지 참석하지만 놀라운 것은 이 예배가 쉬는 날이 없이 계속된다는 점이다. 이 예배를 통해 드러나는 가장 큰 장점 중에 하나는 고난 중에 있는 성도들에게 언제든지 말씀을 받고 기도할 수 있는 장이 교회에 마련되어 있다는 점이다. 이런 풍성한 예배가 있는 바울교회는 성도들에게 자신들이 하나님의 백성이며 그리스도인임을 항상 기억할 수 있는 여지를 만들어 준다. 사랑의 이중계명을 삶에서 강력하게 실천하는 신앙을 요구하는 것이다. 살아 있는 예배, 생명력 넘치는 예배, 성령의 임재를 생생히 느낄 수 있는 예배, 이런 예배가 바울교회의 자랑이고 부흥의 파워를 만들어 내는 통로이다.

예배를 잘 드림으로 당연히 따르게 되는 것이 기도이다. 예배를 통해 하나님을 만나게 되면 기도할 수밖에 없기 때문이다. 그러므로 예배와 함께 기도가 풍성한 교회가 부흥하게 된다. 이러한 점에서 바울교회는 어느 교회보다 기도 프로그램이 풍성하다. 매일 정오에 드려지는 정오예배와 매일 밤 11시 30분에 드려지는 심야예배는 성도들에게 영적인 재충전을 가능케 하는 성령의 샘과도 같다. 또한 새벽예배는 성경을 매일 한 장씩 읽어가며 말씀의 구체적인 공급처 역할을 하고 있으며 금요철야는 뜨거운 찬양과 신앙의 결단, 그리고 풍성한 중보의 기도가 가득

한 예배로 구성되어 있다. 이렇게 많은 기도의 시간은 수많은 성도들이 제각기 각자의 처지와 형편에 따라 쉽게 기도의 자리에 접근이 가능하도록 이끌어 줌으로써 성도의 영적 베이스를 든든히 세워주는 역할을 하고 있다. 그리고 적극적으로 복음을 실천하는 삶을 요구하는 도구가 되고 있다. 특별히 정오예배와 심야예배 시간에 드리는 기도는 교회의 전반을 제목으로 삼고 기도한다. 그리고 각종 예배에서 자연스럽게 통성기도를 하게 되는데 이를 위해서 목회자가 충분이 기도를 인도해 준다. 기도는 성도를 하나님의 사람으로 일으켜 세울 뿐만 아니라 바울교회를 가능케 하는 힘이 되었다.

5. 강력한 말씀 선포

풍성한 예배와 기도를 위한 가장 필수적인 요소는 말씀, 즉 설교이다. 물론 하나님의 뜻과 의지(음성)를 듣게 되는 방법은 다양한 통로가 있다. 하지만 설교가 하나님께서 말씀해 주시는 가장 큰 통로이며 강력한 도구라고 할 수 있을 것이다. 그래서 설교를 통해 하나님의 음성을 성도들이 들을 수 있어야 하기에 설교자는 설교를 준비함에 있어 최선을 다해야 한다고 그는 믿고 있다. 설교를 통해서 하나님의 음성을 들을 수 없다면 그 설교는 살아 있는 설교가 아니다. 그러므로 설교를 통해 성도들이 하나님의 음성을 들을 수 있도록 항상 준비되어 있어야 한다. 그래야 성도들은 예배를 사모하게 되고, 예배를 사모하게 되면서 기도의 사람들이 되며, 기도의 사람들은 교회의 기둥이자 이 사회에서 복음적 삶을 실천하는 그리스도인이 될 수 있기 때문이다. 이것이 그의 설교관이라 할 수 있다. 그리고 이런 설교의 준비를 이룰 수 있도록 기획실은 모든 노력을 다해 보좌한다.

바울교회의 자랑은 무엇보다도 강력하고 파워풀한 원팔연 목사의 메시지인데 삶의 자리에서 실천을 요구하는 메시지라고 할 것이다. 원팔연 목사의 설교는 쉬우면서도 예리하고 복음의 비밀이 깊이 담겨 있다. 그의 설교에는 바울교회가 개척되고 부흥되는 과정에서 자신이 경험하고 체험했던 하나님에 대한 강한 신뢰와 믿음이 두텁게 쌓여 있다. "이렇게 했더니 하나님께서 함께하셨습니다." "이렇게 하면 하나님께서 기뻐하십니다."라고 하는 설교는 "나도 그렇게 살아야지……. 나도 하나님을 기쁘시게 해야지……." 하는 성도의 결단을 이끌어 냄으로써 성도의 신앙을 다시 역동케 하는 생명력을 불어넣기에 충분한 놀라운 메시지이다. 원팔연 목사의 설교는 삶의 자리에서 복음이 실천되도록 하기 위한 강력한 요구가 가미된 메시지를 한결같이 유지하고 있다.

6. 새 가족 사역

모든 교회가 비슷한 패턴의 새 가족 사역을 가지고 있다고 해도 과언은 아닐 것이다. 그러나 실행력에서 그 결과의 차이를 가져온다. 새 가족 사역팀을 가지고 있느냐보다는 어떻게 운영하고 실천하고 있느냐가 중요하다. 바울교회의 새 가족 시스템은 실질적이고 실행적인 체계를 갖추었다.

새 가족 사역은 다양한 방법으로 고안되고 준비되었다. 하지만 가장 파워풀하게 적용된 때가 바로 2000년대, 원팔연 목사의 목회가 가장 박진감 있게 전개된 때라고 할 것이다. 이때의 새 가족 시스템은 7단계로 구성되었으며 새 가족만이 아닌 결석자를 위한 5단계 시스템도 구축하였다.

새 가족 부서는 (1) 안내환영 및 접견팀, (2) 접대팀, (3) 식사팀, (4) 교육팀(양육 및관 리), (5) 심방 및 1:1 관리팀, (6) 행정 관리팀, (7) 중보기도팀으로 구성되었다.

특징적인 것은 교육팀에 훈련된 평신도 자원을 투입하여 기초반을 직접 운영하게 하고 확신반은 목회자가 운영한다. 교회에 처음 온 사람들에게 교역자의 직접적인 교육은 다소 부담스럽고 어색한 분위기

를 만들 수 있다. 하지만 평신도가 교회에서 받은 자신의 신앙적 경험과 관련된 내용으로 구성하여 접근하면 보다 쉽게 친근감을 유도하고 형성할 수 있다. 이러한 친근감을 형성하여 먼저는 교회에 대한 여러 면모를 접할 수 있도록 자연스럽게 유도하고 여기에 신앙적 요소를 공급함으로 교회의 한 일원으로 자신을 받아들일 준비를 하게 한다. 그리고 확신반에서 목회자와 마주하게 하여 바울교회의 지향점을 소개하고 성도가 어떻게 예수 그리스도의 마음과 뜻을 실천적인 삶의 자리에서 적용해 갈 수 있는지는 보여줌으로 바울교회의 성도가 될 수 있도록 만들어 준다. 신앙이 있는 새 가족에게는 그 신앙의 상태를 확인하고 적절한 신앙적 단계를 제공한다. 처음 믿는 성도의 경우에는 예수 그리스도를 영접하는 단계에까지 이를 수 있도록 적극적으로 개입하여 그 효율을 극대화하고 있다. 성공적인 새 가족 사역을 위해 사역팀에 대한 교육과 훈련에도 역점을 두고 진행하고 있다. 성공적인 새 가족 사역은 교회의 부흥에 지대한 역할을 하는 만큼 모든 교역자와 당회는 전폭적인 지원과 지지를 보내었다.

　이러한 바울교회의 새 가족 시스템은 바울교회 부흥의 한 축을 담당한 주요한 사역 중 하나임에는 틀림없다. 그러나 원팔연 목사와 바울교회는 새 가족만이 아니라 각종 사역의 균형을 맞추는 데 주안점을 갖고 그 항상성을 유지하고자 했음을 분명히 기억해야만 한다.

7. 구역 조직(셀조직)

구역은 교회의 힘이고 부흥의 근거이며 성도의 삶을 가장 가까이서 돌볼 수 있는 현장이다. 구역 조직이 얼마나 잘 운영되느냐가 교회의 부흥과 직결된다. 새 가족이 등록하고 교회에 정착하는 과정이 구역에 정착하는 일과 밀접하게 관련되어 있기 때문이다. 구역은 성도 상호간의 친밀감을 조성하고 성도의 상황을 가장 빠르게 파악하고 전달해 주는 조직이기 때문이다. 바울교회는 구역의 운영에 최선을 다하고 있으며, 그 장점을 가장 잘 활용한 교회 중 하나라고 할 것이다.

1) 운영

구역은 가정 중심의 구역과 직장 중심의 구역으로 운영되었다. 가정 중심은 기존의 구역예배 조직을 말한다. 직장 중심 구역은 성도들의 직장을 중심으로 편성되고 운영되었다. 일하는 성도들의 경우 하루일과 중 대부분을 직장에서 보내게 된다. 그러므로 교회는 직장의 터전에 대하여 충분한 관심을 기울여 주어야 한다. 따라서 직장별 혹은 직장이 속한

지역별로 편성하여 구성하고
구역 모임을 위해 지원하고 있
다. 그래서 가정 중심의 구역과
직장 중심의 구역으로 이중 장

치를 하여 성도의 삶을 보다 적극적으로 살피고 있다.

새 가족이 안정적으로 정착할 수 있도록 구역 조직이 돕
고 또한 성도들의 상황을 긴밀히 살펴 부흥을 향한 교회의
집약된 파워를 만들어 낼 수 있는 귀중한 장으로 만들어 운
영하였다.

특징적인 것은 남성구역을 따로 편성하여 운영하고 있다
는 점이다. 남성구역이 잘 운영되면 부인들의 권유에 못 이
겨 나오던 수동적 남성들이 적극적으로 교회의 일원이 되고
일꾼이 된다. 지역을 중심으로 하는 여성 조직과 직장을 중
심으로 한 조직, 남성을 중심으로 한 조직을 구성하고 여기
에 각종 소집단 활동이 가능한 조직을 구성함으로 4중 돌봄
조직을 갖추었다고 할 것이다. 여기에서 만들어진 파워는 교
회를 역동적으로 만들어 주었으며 부흥의 불길을 일으키는
핵심 요소가 되었다고 할 것이다.

2) 구역 리더(구역장) 교육

구역이 능동적으로 운영될 수 있게 하기 위해서는 무엇보

다 구역의 책임을 맡고 있는 구역 리더의 교육과 훈련이 중요하다. 구역 운영에 있어 가장 핵심적인 일은 구역예배(모임)이다. 그러나 실질적으로 그 구역예배를 이끌어 가는 리더의 준비가 가장 핵심이라고 할 것이다. 구역예배는 어쩌면 바쁜 현대인들에게는 부담스러운 부분이 될 수 있다. 그러나 제자훈련식 교회나 셀교회, 그리고 가정교회 방식으로 운영하고 부흥의 원동력을 만들어 낸 교회들이 구역 리더 교육에 주안점을 두고 있음을 직시해야 한다. 준비된 리더에 의해서 좋은 구역 조직이 이끌어지기 때문이다. 그리고 구역예배 자체가 현대인들에게 있어 부담이 아니라 구역예배 내용 자체가 문제라는 점을 인식해야 한다. 구역의 모임을 통해 성도들의 삶을 돌보고 이끄는 목양이 안 되기 때문에 구역예배가 활성화되지 못하는 것이다. 제자훈련식 교회나 셀교회, 특별히 가정교회의 목장 모임의 발전이 이를 증명하고 있다. 형식이 아니라 내용이 중요하고 이 내용을 담보해 줄 수 있는 리더 교육이 가장 중요한 핵심이라고 할 것이다. 구역의 침체는 구역 리더 교육의 부재에 있다고 할 수 있다.

구역 리더가 훈련되고 준비되면 구역 모임은 활성화되고 구역 조직은 성도들을 세밀하게 살피는 목양 구조가 된다. 그러므로 교회는 구역 리더를 준비시킬 수 있고 목양자로서의 자존감을 세울 수 있는 최상의 방법을 제공해 주어야 한다. 그리고 구역예배에서 은혜를 나눌 수 있는 방법을 제공해 주어야 한다. 이를 위해서 바울교회는 쉽고 은혜로운 구역 교재를 갖추고 교육하는 데 중점을 맞추었다. 구역 리더가 먼저 충분히 은혜를 받고 준비될 수 있는 구역 교재를 만들고 또한 철저한 교육의 기회를 제공해 주고 있다. 그러나 정규적인 교육 기회를 놓쳐버린 경우에도 교역자 조직이 능동적으로 대처하여 그 기회를 보완해 주는 적극성을 갖고 있다고 하겠다. 그러므로 담임목사와 교역자 그룹의 주요한 심방 사역 가운데 하나는 이 교육에 참석하지 못한 구역 리더를 교육하는 데 상당한 시간을 할애하는 방식도 취하고 있다.

바울교회는 구역 리더에게 한 달 분량의 교재를 먼저 공급하고 교육하는 시간을 매월 1회 갖고 있다. 이 교육 시간에 구역공과의 내용을 확실히 습득하도록 하고 있다. 구역원들에 대한 철저한 기도와 준비를 이룰 수 있도록 요청한다. 구역 리더 교육을 통해 좋은 구역을 만들어 가겠다는 마음의 결단을 세심하게 살피고 있다.

또한 구역 리더들을 위해 분기별 혹은 상하반기에 각각 1회씩 위로회를 겸한 수련회를 갖고 있다. 구역을 운영하며 가진 여러 경험들을 서로 나누며 위로할 수 있는 기회를 갖게 해준다. 매년 초에는 구역 리더수련회(컨퍼런스)를 열어

1년 동안 담임목사의 목회 방향과 교회 부흥 및 발전을 위한 전략과 전술을 습득하고 무장하는 기회를 갖도록 한다. 위로회는 가까운 야외로 나가는 야외예배 형태로 구성된다. 컨퍼런스는 외부 장소 혹은 교회 내부에서 갖고 있으며 세미나 형태로 운영되고 있다. 그래서 바울교회의 구역은 교회의 힘이 되고 있다. 구역이 능동적이고 역동적으로 움직이게 됨으로써 성도들을 더욱 능동적으로 양육하며 복음적 삶을 위한 훈련을 제공하고 있다. 이러한 바탕 위에 바울교회는 부흥의 길을 달리고 있다.

3) 구역 교재 발간

구역 리더들이 가장 어려워하는 것 중에 하나는 구역예배(모임)의 인도이다. 신학적 배경을 가지지 못한 평신도로서 평신도를 가르쳐야 한다는 점이 어려움으로 작용하고 있다. 그래서 바울교회는 구역 모임을 위한 구역 교재를 쉽고 용이하며 은혜로운 내용을 포함한 교제를 출간하고 있다. 이 교재는 바울교회뿐 아니라 인근의 많은 교회들이 가져가 사용하기도 한다. 이 교재의 특징은 구역 인도자가 인도해야 할 구역예배의 모든 내용을 수록하고 있다는 점이다.

이 교재는 처음부터 끝까지 구역원이 함께 읽기만 해도 된다. 이 교재가 사용되면서 구역 리더들이 구역예배를 드리는 것에 부담을 갖지 않게 되
었다. 또한 한 달에 한 번씩 구
역 리더 교육을 통해 사용될
교재의 내용을 교육해 줌으로
써 구역 리더들에게 자신감을
심어주었다. 2005년부터 이런 교재를 사용한 결과, 구역예배
보고가 한 구역도 누락된 경우가 없을 정도로 구역예배가
충실하게 드려졌다. 또한 구역이 양적으로도 크게 확대되었
다. 이런 집중력은 바울교회 부흥의 또 다른 파워로 작용하
였다.

8. 철저한 심방 사역

바울교회 초기 성장의 기틀을 마련한 요소 중 하나는 담
임목사님의 철저한 심방이었다. 하루에도 필요하면 전주에
서 서울을 두 번 다녀올 정도로 열심 있는 심방을 하였다. 새
벽예배를 마친 후에도 꼭 필요한 경우에는 병원, 가정 심방
을 한다. 이런 열심 있는 심방으로 인해 성도와 담임목사 사
이의 신뢰가 두터워졌다. '우리 목사님은 성도를 위해서는
어디에든지 가며 언제든지 시간을 낸다.'는 인식을 갖게 됨
으로 담임목사님의 목회 방향에 순종하며 나아가고 공동 상

생의 목회를 할 수 있는 배경이 되었다. 물론 교회가 성장하면서 수많은 성도들이 출석하게 됨에 따라 담임목사가 할 수 있는 심방은 한계가 있었다.

그럼에도 불구하고 바울교회 담임목사가 지향하는 목회는 역시 심방 중심의 목회이다 보니 성도 한 명, 한 명에게까지 세심하게 배려하는 목양이 되었다. 이러한 담임목사의 철저한 심방 목회관이 이제는 부교역자들에게 그대로 전수되었다. 그리고 목양과 심방에 대한 부교역자의 역할과 사역에 대한 철저한 관리 감독은 그의 리더십과 함께 좋은 부교역자 조직을 만드는 데 일조하게 되었다. 이런 좋은 부교역자 조직은 결국 성도들에 대한 적극적인 돌봄과 위로를 수반한 목양을 지속적으로 이루어 가는 통로가 되었고, 부흥하는 바울교회의 또 다른 면모가 되었다고 할 것이다.

바울교회의 교역자 조직은 원팔연 목사의 목양 지도 아래 일반 가정 심방뿐 아니라 직장 심방, 그리고 병원 심방과 애경사 심방 등을 철저하게 시행하고 있다. 특별히 새 가족 심방이야 말로 교회의 부흥과 발전에 가장 필수적인 요소이기에 핵심적으로 운영하고 있다. 이러한 모든 과정에는 삶의 현장 속에서 그리스도인의 자존감을 갖고 살아가는 성도를 만들어 가기 위한 목양적 지향점이 숨겨져 있다. 다시 말해 복음적 삶을 요구하기 위한 조합이라고 할 수 있다. 이것이 바울교회의 파워이고 원팔연 목사의 목양 일념이다.

9. 선교가 동력이 되다.

선교는 교회가 당연히 수행해야 할 우리 주님의 지상 명령이다. 바울교회는 국내 선교와 해외 선교로 구분하여 전개하였다. 국내 선교는 지교회를 설립하고 또한 힘들고 어려운 교회들을 돕는 일에 주안점을 두었다. 해외 선교는 선교사를 파송하고 해외에 지교회를 세울 뿐 아니라 교육과 복지 사업 등에 참여하는 일로 구성되어 있다. 바울교회의 가장 특징적인 면모는 교회의 선교 지향성이라고 할 수 있다.

1985년 바울교회 부임의 시작점에서 원팔연 담임목사는 선교하며 나눠주는 교회가 될 것이라고 공언하며 이를 위해 부지런히 달려왔다. 1990년 김재운 선교사를 사우디아라비아에 첫 선교사로 파송한 이후 30개 이상의 나라에 70명의 선교사를 파송하였다. 매년 3~4명의 선교사를 파송하고 있으며 해외 지교회를 계속 세워 약 40여 개에 달하고 있다. 2012년에는 교회 설립 30주년을 맞이하여 30개국에 30가정 선교사를 새롭게 파송함으로 선교사 파송 100명에 이르게

되었고 이러한 선교적 사명에 지속적으로 응답해 가고 있다.

1992년 5월에 필리핀 복음의빛교회를 설립한 이후 필리핀 겟세마네기도원을 설립하고 또한 현지인 목회자를 양성하기 위해 신학교를 세워 운영하고 있다. 기아대책기구와 협력하여 우간다 쿠미대학을 공동 운영하기도 하였으며 지금도 계속 지원 중에 있다. 특별히 바울교회는 교단을 뛰어넘어 선교사를 파송하고 후원하고 있다는 점이 주목할 만하다.

바울교회는 300명의 선교사 파송과 300개의 해외 지교회 설립을 목적으로 계속 기도하며 선교 사역을 담당하고 있다. 사실 바울교회는 1990년 사우디아라비아에 첫 선교사를 파송한 후 교회가 크게 부흥하기 시작했다고 평가하고 있다. 성도들도 이것을 충분히 인지하고 있다. 선교가 하나님께서 가장 기뻐하시는 일 중에 하나라는 공통된 고백이 교회의 파워를 만들어 주었다. 그래서 교회가 성장할수록 선교에 더욱 최선을 다하고 있고 이는 성도 전체의 관심사이고 주안점이 되었다. 그래서 국내적으로는 40여 개의 선교기관을 후원하고 60여 개의 미자립 교회를 지원하고 있다. 또한 13개의 지교회를 개척하였으며 앞으로도 계속 지교회를 세워나가는 계획을 추진 중이다. 교회가 성장하게 됨으로 이런 노력들을 통해 하나님의 교회를 확장하고 있다.

바울교회가 이런 일들을 행할 수 있는 배경 중에 하나는 선교 교육을 어린이들부터 자연스럽게 받고 있다는 점이다. 유치부 어린이들부터 선교헌금 봉투를 가지고 있다. 또한 매년 2회씩 어린이부터 장년에 이르기까지 해외 단기 선교에 참여하고 있다. 이런 기초가 바탕이 되어 오늘의 바울교회에 이르고 있다고 할 수 있다.

10. 미래를 내다보는 교육

교육은 미래이다. 교육이 없는 교회는 미래가 없다. 바울교회는 미래를 준비하기 위해 교육부서에 특별한 관심과 투자를 아끼지 않는다. 그래서 바울교회는 교회학교가 부흥하는 교회 중에 하나이다. 유아부, 유치부, 초등1부(1-2학년), 초등2부(3-4학년), 초등3부(5-6학년), 중등부, 고등부, 청년 여호수아 공동체로 구성되어 있으며 총 2,000여 명이 출석하고 있다. 300여 명으로 구성된 교사진과 교육 담당 목회자로 3명의 목사와 6명의 전도사가 섬기고 있다.

중등부와 고등부의 경우 지역 독거노인들과 자매결연하

고 매월 방문 봉사를 하고 있는 등 신앙과 삶의 아름다운 조화를 통해 비전을 심고 내일을 향한 믿음의 사람들을 세워나가고 있다.

바울교회는 장년들만 모이는 교회가 아니라 청소년들도 부흥하는 교회, 그리고 자녀들이 자랑스러워하는 교회를 만들기 위한 지향점을 가지고 있다. 장년 성도들이 교회에 대한 각별한 자부심을 가지고 있다면 이에 못지않게 청소년들과 어린이들도 바울교회 교인이라고 하는 특별한 자부심을 갖고 있음을 볼 수 있다.

11. 지속적인 찬양 사역

찬양 사역은 교회의 요소 가운데 없어서는 안 될 중요한 사역 중에 하나이다. 바울교회가 부흥의 길을 달릴 수 있었던 것은 파워풀한 예배가 있었기 때문이다. 그 예배의 중심에 담임목사님의 능력 있는 설교 사역이 있었다고 한다면 그 다음으로 뜨거운 찬양 사역이 있었다고 할 수 있다.

현재 "예수사랑 찬양단"과 "Sing to the Lord"라는 두 개의 전문 찬양단이 활동 중이다. 이들 찬양단은 싱어팀과 악기팀, 그리고 전문 워십팀으로 구성되어 있다. 금요철야예배뿐 아니라 수요예배, 주일밤 예배 등의 찬양을 인도하고 있다. 청년 중심의 열린 예배인 주일 5부 예배 시간에도 찬양으로 예배를 섬기고 있다. 이러한 전문적인 찬양단이 20여 년  역사를 가지고 활동하고 있으며 찬양팀만도 각각 100여 명으로 구성되어 200여 명의 청년이 활동 중이다.

각 교회학교도 부서별로 독립된 찬양단과 워십팀이 있어 어려서부터 뜨거운 찬양과 워십을 자연스럽게 배워가고 있다. 바울교회의 예배에 참석하면 이들을 통한 뜨거운 찬양의 인도를 받고 자신도 모르게 하나님을 향하여 올라가는 경배의 손을 경험하게 된다.

바울교회 성도들은 찬양을 통해 마음이 열리고 거기에 강력한 메시지가 전달됨으로 열정적인 기도의 사람이 되고 있다. 이런 성도들이 교회에 헌신하게 되고 또한 삶의 자리에서 역동적인 사람으로 탈바꿈됨으로 직장 동료들이나 이웃에게 변화된 그리스도인의 모습을 드러내어 전도 또한 자연스럽게 이루어지고 있다. 바울교회는 이러한 경험적 바탕을 중심으로 지금도 찬양단을 세우는 일에 전심전력하고 있다. 지금은 이들 찬양단에서 열심을 다했던 이들이 장년이 되었고 "FM 예수사랑"이라는 찬양단을 구성하는 연속성을 보여주고 있다. 바울교회는 찬양을 통해 역동적인 교회의 흐름을

만들뿐 아니라 그 수준을 계속 높여가고 있으며 외부 집회 등을 지원함으로 선교적 역량도 높여가고 있다.

또한 교회의 가장 중심적인 예배라고 할 수 있는 주일예배에 찬양의 역할을 맡는 성가대야말로 정말 중요한 요소이다. 성가대는 찬양을 통해 성도들이 마음을 열고 하나님을 만날 수 있도록 가교 역할을 한다. 말씀이 선포될 때 좋은 옥토가 되어 말씀을 받을 수 있도록 준비시켜 주는 역할을 하고 있다. 성가대는 성도들을 하나님께로 연결하는 역할을 충실히 감당하고 있다. 그래서 세미나와 교육 프로그램 등을 지속적으로 실시하여 자신감 있는 찬양을 드리는 성가대로 육성해 가고 있다.

바울교회는 7개의 성가대를 가지고 있으며 주일 2, 3, 4부 성가대는 각각 100명 정도의 단원이 사역하고 있다. 3부와 4부 성가대는 40여 명에 이르는 관현악단을 가지고 있으며 이들은 모두 팀파니까지 갖춘 오케스트라로 구성되어 있다. 오케스트라는 지휘자를 따로 갖고 있지만 주일예배 찬양은 성가대 지휘자가 지휘를 한다. 그러나 오케스트라를 통한 음악회나 각종 행사시에는 관현악단 지휘자가 지휘를 하게 되는데, 이 오케스트라는 아마추어가 아닌 프로로 구성함으로써 수준을 높이고 또한 성도들의 문화적 욕구를 응대하는 데도 사용하고 있다. 뿐만 아니라 교회 밖 공연도 펼치고 있어 대 사회적으로 교회를 홍보하는 데도 적극 활용하고 있다. 바울교회의 홍보 전략이 여기에도 접목되어 있다고 할 것이다.

관현악단을 단순히 예배 사역에만 사용하는 것이 아니라 다양한 문화 행사에 사용함으로써 교회의 역동성을 만들고 성도들에게 바울교회 교인으로서의 자랑스러움을 갖게 하는 멤버십도 만들어 주고 있다. 이러한 멤버십이 각 성도의 삶의 현장에서 그리스도인임을 자랑할 수 있게 만들어 주고 있으며 복음적 삶을 지향할 수 있는 자신감 또한 만들어 주고 있다고 하겠다.

12. 삶을 세우는 양육

교회의 양육 사역 또한 참으로 중요한 사역이다. 예배와 말씀을 통해 결단된 신앙을 좀 더 구체적으로 돌볼 수 있으며 삶의 현장에서 복음적 삶을 살아갈 수 있도록 만들어 낼 수 있는 통로이기 때문이다.

바울교회는 부교역자들이 인도하는 풍성한 성경공부가 있다. 주요과목으로 구약의 파노라마, 목적이 이끄는 삶, 크로스웨이, 제자훈련, 중보기도학교, 그리스도인의 풍성한 삶 등 10개가 넘는 성경공부와 각종 양육 프로그램이 진행 중이다. 주중 오전과 오후, 그리고 직장인을 위한 야간 프로그램으로 진행되고 있다. 이뿐 아니라 각 절기마다 교회력에 따른 다양한 세미나들이 제공된다. 가정 세미나, 부부 세미나, 자녀 교육 세미나 등 다채로운 프로그램이 진행되고 있다.

13. 사회를 세우는 봉사

사회를 향한 봉사활동은 교회의 이미지를 구축하고 교인들로 하여금 멤버십과 자존감을 갖게 함으로써 전도의 열매를 만들어 내며 교회의 전체적인 파워를 형성하게 한다. 그래서 바울교회는 지역사회와 좋은 관계를 형성하기 위해 끊임없이 노력하고 있다. 세상을 정죄하기보다는 품고 안으신 그리스도처럼 바울교회는 원팔연 목사의 지도력 아래 지역사회와 함께 호흡할 수 있는 여러 섬김 프로그램을 적절하게 개발하고 있다.

바울교회는 전주시와 협약하고 구성한 주사랑 봉사단 및 바울교회 호스피스, 재가복지, 노숙자 무료 급식, 그리고 바울경로대학을 중심으로 지역사회에 봉사하고 있다. 주사랑

봉사단은 전주시와 긴밀한 협
조관계를 이루며 지역사회 복
지를 위해 봉사하고 있다. 재
가복지 및 각종 병원 봉사 프
로그램인 호스피스 활동, 그리고 매주 400여 명의 어르신들
이 모이는 경로대학 또한 주요 사업 중에 하나이다. 뿐만 아
니라 청년부에서 매월 진행하는 복지시설 봉사 프로그램, 각
전도회별 혹은 기관별 봉사 프로그램이 다양하게 구비되어
있다. 청소년들의 독거노인 봉사 프로그램, 그리고 지역 초
중등학교의 중식지원 프로그램 등이 다양하게 펼쳐지고 있
다.

이런 프로그램들을 운영함으로 지역사회에서 좋은 반응
을 얻고 있으며 좋은 교회라는 평을 만들어 내고 있다. 그래
서 교인들이 자신들이 속한 삶의 자리에서 바울교회 교인임
을 자랑스럽게 내놓을 수 있는 환경을 조성하고 있다고 할
것이다. 이런 모습이 성도의 삶에 드러나고 있기 때문에 결
국 부흥의 원동력이 되고 있다.

또한 호스피스와 재가복지는 지역사회에서 교회의 위상
을 높이는 데 강력한 역할을 해주지만 무엇보다 사회복지
계통에서 일하는 공직자들뿐 아니라 공직사회에 교회에 대
한 이미지를 고양시키는 데 탁월함을 가져다 주고 있다. 그

래서 믿음이 없는 이들조차도 교회를 칭찬하게 하는 홍보의 역할을 담당해 주고 있다. 이러한 일들로 인해서 모아진 힘은 결국 바울교회를 부흥케 하는데 사용되는 파워를 형성해 주며 성도의 삶을 더욱 강력하게 돌볼 수 있는 기회를 만들어 주고 있다.

14. 목회적 문서 사역

바울교회의 문서 사역은 성도들의 활동을 돕는 데 초점을 맞추고 있다. 성도의 전도 활동을 도울 수 있는 자료 제작에서부터 교회의 이미지 형성을 위한 출판 활동에 이르기까지 광범위하게 다루어지고 있다. 이를 위해 원팔연 목사와 바울교회는 문서출판부를 출범시키고 교회의 여러 출판물들과 인쇄물들을 관장하게 하였다. 교회 신문을 창립하고 교회 소개 자료를 만들어 내며 담임목사의 월간 설교집을 편찬하고 또한 전도 사역을 위한 각종 출판물을 만들어 내고 있다. 뿐만 아니라 교회의 각종 광고물과 정보지를 제작 배포하고 모든 행사에서 필요한 현수막 자료에서부터 시작하여 일체의 것들을 제작 지원하고 있다.

바울교회의 문서 사역은 교회의 품격 을 높이고 행사를 알리는 데 용이하게 사 용됨으로써 부흥을 향한 여러 프로그램 들이 효과를 극대화할 수 있도록 돕는 일 을 감당하고 있다. 바울교회의 문서 사역 은 목회자의 목회관이 펼쳐질 수 있는 다  양한 통로를 만들어 내는 데 능동적으로 작용하고 빠른 시 간 안에 반응하는 핵심 요소 중에 하나가 되어 교회 부흥에 일조하였다고 할 것이다.

바울교회는 교회를 소개하는 리플릿을 만들어 전도에 활 용하고 있다. 특징적인 것은 리플릿을 너무 교회적이지 않 게 만들어 누구나 거리낌 없이 받아 볼 수 있도록 디자인하 였다는 점이다. 전주의 역사적 배경을 담아 전주시민 모두 가 친근감을 가지고 있는 전주성 사진을 전면에 싣고 '우리 는 전주를 사랑합니다. 전주의 미래를 위해 기도합니다.'라 는 문구를 삽입함으로 전주시민들에게 자연스럽게 다가가 고자 하는 의지를 담았다고 할 것이다. 그리고 그 안에 교회 의 비전을 제시하고 교회로 초청할 수 있는 내용을 삽입함 으로 받는 이들뿐 아니라 주는 이들이 자랑스러워할 수 있 도록 만들었다는 점을 주목할 수 있다. 믿지 않는 사람들에 게 다가가기 위한 전략적 차원에서 너무 종교적인 것 같지

않지만 교회를 알리는 문서를 만들어 내는 것이 바울교회의 전략과 전술이라고 할 것이다.

많은 교회가 발행의 편리성과 경제성을 위해 교회 신문을 외부 기관에 위탁하여 획일적으로 제작하고 있다. 그러나 바울교회의 경우 자체 발행을 통해 교회 이야기 중심의 신문을 만들어 사용하고 있다.

외부에서 발행된 신문은 교회의 이름만 등재되고 있는 경우가 많다. 비록 전도대에서 사용하기는 용이할 수 있으나 교회의 소식을 전하고 교인들의 공통의 시각을 만들어 내는 데는 다소 부족한 면이 있어 자체 제작하여 사용하고 있다. 바울교회의 문서 사역은 다음과 같은 다양한 자료를 만들어 내며 교회의 활동에 능동적으로 지원하고 있다.

15. 사역자로서의 방송 사역

바울교회의 방송 사역은 크게 홈페이지 운영과 교회방송 시스템으로 구분할 수 있다. 홈페이지의 경우 교회의 소식을 능동적으로 전하고 소개함으로 교회를 홍보하는 데 중요한 수단으로 활용된다. 또한 교역자의 설교를 언제든지 들을 수 있는 통로가 되어줌으로 주중 성도들의 신앙을 조력할 수 있는 주요한 수단이 되기도 한다.

교회방송 시스템은 교회의 각종 행사를 위한 영상물을 제작하고 홈페이지에 올라갈 교역자의 설교를 편집 구성하는 등 예배 자료와 음향 등을 관리한다. 방송 시스템은 교회를 역동적으로 만드는 데 있어서 필수적 요소이다. 바울교회는 이 방송 시스템을 적극 활용함으로 그 효과를 극대화하고 있다. 인터넷 방송실에 유급 직원 1인, 교회방송실에 유급 직원 2인을 두고 있으며, 유급 봉사자 30여 명을 편성하여 운영하고 있다.

16. 전문화된 섬김 사역팀 운영(애경사에 대한 능동적인 대처)

바울교회의 또 다른 특징 중에 하나가 바로 장례 사역이다. 장례가 생기면 장례의 전 과정을 섬김 사역팀이 주축이 되어 위로와 격려가 있는 교회의 분위기를 조성해 나가고 있다. 대형교회는 성도간의 밀접한 관계를 형성하기가 어렵다고 흔히들 생각한다. 그러나 대형교회가 되는 데는 이러한 밀접한 관계성을 더욱 튼튼하게 만드는 비법이 있기 때문에 부흥하는 교회로 성장하게 된다. 대그룹의 역동성은 성도 개인이 속한 소그룹에서 만들어진 철저한 밀접성에 기인한다. 소그룹의 밀접성을 만드는 데 가장 강력한 요소 가운데 하나가 애경사의 응집력이다.

그래서 바울교회는 일단 위로가 필요한 교우의 장례가 발생하면 임종에서부터 마지막 하관, 그리고 장례 후 위로까지 세밀하게 살피고 있다. 믿는 가정의 경우 교회장으로 치르며 깔끔하고 정결한 장례를 위해 최선의 모습을 보여준다. 장례를 위한 조직을 만들고 또한 성가대를 준비하여 정성을 다하여 섬김의 본을 보인다. 이 현장은 또한 성도들이 서로 섬길 수 있는 장으로 활용된다. 보통 믿는 가정의 경우 교회가 나서서 최선을 다하면 장례를 통해 은혜를 받는다. 그러나 이미 믿음이 있는 가정이며 교회를 통해 장례를 치르거나 참여해 본 성도들은 교회가 인도하는 장례 때문이 아니라 장례를 아주 질서정연하게 진행하는 모습에서 은혜를 받게 된다. 그리고 좋은 교회라는 인식을 갖게 된다. 이러한 인식이 쌓이고 쌓이면 어느 날 교회의 부흥과 발전의 원동력으로 작용하게 되는데 그 힘은 폭발적일 수 있다.

믿지 않는 형제들이 있는 경우, 그리고 그들이 교회장을 원하지 않는 경우도 있다. 이럴 때는 교회가 최선을 다해 돕는 자가 된다. 예배를 드릴 때도 충분한 설명을 통해 마음이 상하지 않도록 면밀히 살펴준다. 예의 바르게, 그리고 자신들을 충분히 배려하고 인정하고 있다는 분위기를 보여준다. 오히려 장례를 주도하기보다는 섬겨주고 위로해 준다는 마음을 주도록 노력한다. 이때 교회는 장례를 지원하는 조직을 더욱 철저하게 준비시킨다. 그리고 일반 조문객들이 할 수 없는 그런 일들에 앞장서서 돕는다. 장례가 마무리될 때까지 작은 일까지 세심하게 배려하며 옆에서 돕는다.

다른 형제들의 조문객들이 할 수 없는 그런 일들을 철저하게 섬기며 도와준다. 물론 교회를 통한 조문객도 더 많이 다녀올 수 있도록 전략적으로 준비한다. 이렇게 되면 장례를 당한 성도의 위상이 형제들 가운데 점점 높아지고 믿지 않는 형제들에게서 '교회가 참 고맙다.' 이런 이야기가 나오게 되면 전체적으로 교회에 대한 반감은 사라지고 오히려 호감을 느끼게 할 수 있다. 그리고 장례가 끝난 후에도 세심하게 살펴줌으로써 이러한 배려로 인해 장례가 곧 전도와 선교적 역할을 할 수 있도록 바울교회는 조성하고 있다. 이런 경우 믿는 형제의 위상이 높아지며 가족 전체가 교회에 나오게 되고 또한 복음을 받아들이는 기회도 된다.

그래서 바울교회는 성도의 애경사의 경우, 특별히 애사의 경우 교회가 철저한 훈련을 통한 준비와 노력으로 장례 자체에 초점을 맞추는 데 그치는 것이 아니라 장례를 전도와 선교적 차원으로 이해하며 준비하고 있다. 또한 성도들이 직접 섬김을 훈련할 수 있는 장으로도 활용하고 있다.

경사의 경우에도 마찬가지이다. 바울교회의 애경사를 위한 조직은 성도를 돌보기 위한 그물망식으로 갖춰져 있다. 단지 구역을 통한 위로만이 아니라 1차적으로 구역 조직이, 2차적으로 남성구역 조직이, 3차적으로 남전도회와 여전도회 조직이, 4차적으로 각 선교회 조직이, 5차적으로 자녀들이 속한 교육기관의 교사 조직이, 6차적으로 각 교육기관의 기관 조직 등 다차원적으로 방문하고 위로하는 시스템을 운영하고 있다. 그래서 교회가 한마음이 되어 준비되고 훈련될 수 있도록 조성함으로 성도의 삶을 돌보고 있다.

다차원적으로 구성된 이러한 구조는 장례를 당한 교우를 위로하고 격려함으로 교회에 속한 성도의 위상을 높여줄 뿐만 아니라 그리스도인의 자존감을 세우주고 복음적 삶을 실천하는 자신감을 만들어 주고 있다.

바울교회는 각종 문화 사역을 통해 지역사회와 호흡하고 있다. 문화 사역을 충실하게 진행함으로 교회의 위상을 극대화하고 결국 성도들을 자랑스럽게 만듦으로 복음적 삶을 살아가게 한다. 성공적인 문화 사역은 실질적인 면에서 성도들에게 교인으로서의 자부심과 자존감을 세워주는 역할을 담당하게 된다. 그래서 삶의 터전에서 자연스럽게 교회를 자랑할 수 있게 하며 복음적 삶을 살아가게 함으로 영혼 구원을 향한 제자로서의 사명에도 능동적인 자세를 갖게 한다. 교회를 소개할 수 있는 다양한 면모를 갖추어 줌으로써 믿지 않는 이웃들에게 다가가는 통로가 되고 있다. 바울교회는 문화 사역을 통해 대 사회적으로는 교회의 브랜드 가치를 높이고 교회적으로는 성도들의 멤버십을 강화함으로 부흥의 길을 달릴 수 있는 또 다른 토대를 만들고 있다.

문화 사역의 종류에는 문화센터 및 지역주민들과 함께하는 각종 공연이나 전시 프로그램 등이 있다. 문화센터는 다양한 강좌를 개설함으로 지역주민들의 교회 접근성을 용이하게 해주고 있다. 지역주민들 가운데 강사를 섭외하여 지

역의 주요 인물들과 소통할 수 있는 통로로도 사용하고 있다. 또한 각종 공연 프로그램을 적극적으로 유치하여 대중적인 뮤지션이나 연예인들을 초청하고 있다. 출연진을 찬양 사역자로 국한하지 않고 일반 연예인이면서도 신앙인들을 초청함으로 이들의 신앙고백과 함께 아름다운 찬양도 들려주고 대중적인 건전한 음악도 들려줌으로 지역주민들에게 다가가고 있을 뿐 아니라 성도들이 문화적으로 고양된 위치에 있음을 실감케 함으로 믿지 않는 사람들과 소통 할 때 자신감을 가질 수 있도록 만들어 주고 있다.

이러한 전략을 수립하고 대형교회로 나아갈 수 있었던 바울교회의 가장 뛰어난 점은 변화에 두려워하지 않는다는 것이다. 원팔연 목사는 이미 대형교회의 형태와 각양 프로그램을 갖춘 후에도 항상 배움의 자세를 버리지 않고 있음이 그의 장점이다. 언제 어디에서든지 부흥을 위한 좋은 접목점을 발견하면 그 무엇이든지 순식간에 받아들인다. 그리고 무엇이든 접목하고자 하는 담임목사의 의도에 신실함과 두려움 없이 도전하는 기획실과 부교역자들이 그와 함께하고 있음이 강점 중에 강점이다. 기획실은 담임목사가 도입하고자 하는 그 어떤 것도 두려움 없이 바울교회의 것으로 변모시켜 재창조를 해낸다. 그리고 각각의 교역자들은 최고의 결과를 위해 열심을 다한다. 담임목사는 도입을, 기획실 그룹은 재창조를, 그리고 실행 단계에서 부교역자들은 성도들에 대한 적용에 두려워하지 않는다. 물론 모든 것이 좋은 결과로 만들어질 수는 없었다. 그러나 책임보다는 노력에 초점을 맞추고 있는 원팔연 목사는 부교역자들이 두려워하지 않고 그무엇이든지 해낼 수 있도록 믿고 맡겨준다. 이런 리더십과 격려를 통해 오히려 성공을 극대화시킴으로 부흥을 이룩해 낸 것이다.

물론 그는 "모두 하나님의 은혜입니다."라고 말한다. 하지만 원팔연 목사의 노력과 분투와 기도와 헌신이 하나의 종합예술과 같은 모습으로 합력하여 선을 이루어 부흥의 길을 달렸다고 할 수 있다. 그럼에도 불구하고 그는 여전히 하나님의 은혜라 말하고 믿고 확신하고 있다. 결코 자만치 않기에 항상 변화 가능한 자세를 가지고 있고 책망 없는 평가로 오히려 부교역자들이 최선을 다하게 만들었다. 이런 교회의 움직임은 사실 여느 교회나 갖고 있는 일반적인 현상이다. 하지만 바울교회는 이런 움직임이 지속적이었고 포기되지 않았기에 이런 부흥을 이룰 수가 있었다. 그 중심에 원팔연 목사가 있었다. 바울교회는 이렇게 작음에서 위대함으로 나아가는 전략을 가지고 있었다.

HAVE A PARADIGM
SHIFT AND STRATEGY

제4장

———

원팔연 목사와의
만남을 말하다

제4장

원팔연 목사와의 만남을 말하다

이제 바울교회와 원팔연 목사를 만났던 필자의 개인적인 경험을 나눠보려고 한다. 필자가 바울교회와 원팔연 목사를 만난 것은 하나님의 은혜였고 인도하심이었다. 너무나 귀한 경험이었고 배움이었다. 특별히 바울교회 부속실과 같은 현장에서 기획실장으로 일한다고 하는 것은 한국 성결교회의 젊은 목회자들 중 불과 몇 안 되는 사람에게 주어진 특별한 은혜라고 생각한다. 그 은혜의 만남, 곧 배움을 시작했던 첫 만남에서부터 담임목사로 옮겨가게 된 과정을 소개함으로 주님의 은혜에 감사하려고 한다.

1. 강렬했던 첫 만남

늦깎이로 서울신학대학원에 입학을 하고 첫 달을 보냈다. 교정은 아름답고 동기들은 모두 친절했다. 학교의 분위기도 너무 좋았다. 그러나 왠지 모르게 답답함이 느껴졌다. 수업을 듣고 채플을 드리고 동기들을 만나 열띤 토론도 가져보지만 가슴 한구석이 허전했다. 학교가 작다는 생각이 머릿속으로 들어왔다. 규모가 아니라 생각과 배움에서 뭔지 모르게 채워지지 않는 것이 느껴졌다. 이제 와서 생각해 보면 학교 혹은 동기들 때문이 아니라 아마도 귀하고 강렬한 만남을 위해 하나님께서 나를 그렇게 준비시키신 것은 아닐까 하는 생각을 하게 된다. 학교를 그만두고 싶다는 마음을 가지게 되었다. 신학의 길을 그만두는 것이 아니라 다른 학교에 대한 생각이 들어온 것이다. 이런 허전함 속에서 3주를 보내고 난 후 한 주간의 신대원 신앙수련회가 시작되었다. 그런데 강사 목사님이 바울교회 원팔연 목사님이셨다. 사실 이때까지 원팔연 목사님에 대해 전혀 알지 못했었다. 그래서 더욱 깜짝 놀랐다. "와! 이런 분이 계시구나! 또 이런 교회도 있구나. 우리 교단에도 이런 분이 계시고 이런 교회가 있다니 저분 밑에서, 그리고 바울교회에서 일을 좀 해봤으면 좋겠다!" 이런 생각이 나도 모르게 가슴속으로 들어왔고 미세한 기도가 되었다.

사실 나는 나 자신을 어려서부터 유능한 경영인보다는 유능한 참모로서의 품성이 강하다고 생각하고 있었다. 중고등부 때 회장, 총무 등을 맡아 봉사하였다. 당연히 리더의 자리에 있었고 문학의 밤과 같은 행사들이 있으면 사회를 맡아 자신을 드러내도 되는 위치에 있었다. 하지만 행사 사회보다는 행사 전체를 기획하고 프로그램을 만드는 일이나 혹은 음악을 만들고 조명 등을 만드는 일을 더 좋았다. 행사의 감독이 되어 전체를 연출하는 방식으로 일하는 것을 더 좋아했고 또한 좋은 결과들도 만들어 냈다. 주인공과 같은 주목받는 자리에 서지는 않아도 전혀 아쉬움을 느끼거나 해보고 싶은 생각이 들지 않고 오히려 뒤에서 일을 하며 전체를 조정하여 행사가 잘 치러지는 것을 보는 게 더 즐거웠고, 더 큰 성취감이 느껴지곤 했다. 참모적 기질이 강한 나의 면모는 앞서는 것보다 뒤에서 조력하고, 주인공이 되기보다는 일을 만드는 그런 점들이 더 큰 성취로 다가왔다.

그래서 어려서부터 참모 목회를 꿈꾸며 기도하였다. "하나님, 리더보다는 참모로서의 제 품성이 더 강하기에 참모로 교회에 기여할 수 있는 그런 사람이 되겠습니다. 길을 열어

주세요." 많은 기도를 했다. 그러나 당시로서는 참모 목회라는 개념 자체가 모호했고 화두가 되던 때가 아니었다. 하지만 내가 부교역자로 사역할 시대가 되면 분명히 이런 목회가 가능하고 필요로 할 것이라는 생각을 가지고 준비하며 기도하고 있었다.

그리고 20대 후반 쯤 우연히 곽선희 목사님이 시무하는 소망교회를 방문할 기회를 갖게 되었다. 당돌하게도 곽 목사님의 목양실로 향하였고 문을 두드렸다. 물론 그분을 뵙지는 못했다. 하지만 곽 목사님 비서실이 설치되어 있고, 비서실이 기획실 역할을 하고 있는 것을 보고 깜짝 놀랐다. 교회도 이렇게 기획실을 갖추고 일을 할 수 있구나 하는 생각을 갖게 되었다. 그동안 교회에 대한 생각의 틀을 바꾸고 또한 내가 준비하고 있는 참모 사역에 대한 보다 구체적인 방향성을 갖게 해준 하나의 강렬함을 만나게 된 것이다. 그리고 나 자신도 모르게 "하나님, 저도 이런 목회를 하고 싶습니다. 기획실을 맡아 해보고 싶습니다." 이렇게 기도하며 마음에 품게 되었다.

그러나 이런 목회를 하려면 이에 걸맞은 어른을 만나야 한다. 그런데 과연 이런 어른을 만날 수 있을까 하는 생각 또한 머리를 떠나지 않았다. 그래서 큰 목회를 이끌고 있는 어른을 만나게 해주시라고 기도를 계속하였다. 그리고 신대원 첫 학기 신앙수련회에서 원팔연 목사님을 만나게 된 것이다. 그때 저분 밑에서 한번 일해 봤으면 하는 생각을 품게 되었다. 물론 학교에 대한 생각도 다시하게 되었다. 학교를 옮겨 보고 싶다는 생각을 완전히 접고 학업에 집중하게 되었다. 원팔연 목사님은 그저 신학생들의 수련회를 인도하러 와주셨지만 나는 그곳에서 너무나 큰 은혜를 받았고 인생과 사역의 방향을 결정하는 계기를 갖게 되었다. 당시에는 저 분 밑에서 사역하며 배우고 싶다는 짧은 소망과 기도뿐이었는데, 이후 그분을 만나 10여 년을 동행하며 참모로서의 역할을 감당하였다. 되돌아보니 그 첫 만남은 주님의 예비하심이었고 계획하심이었다고 고백할 수밖에 없음이 감사할 따름이다.

2. 원팔연 목사님의 부름을 받다.

2001년 봄학기가 끝나자 당시 신대원에 재학 중이던 나는 방학이면 항상 그러했듯이 기도원에 들어갔다. 방학이 되면 만사를 제쳐놓고 두 주간 기도원에 들어가서 성경을 읽었다. 새벽부터 잠자기 전까지 일체의 다른 일을 접고 창세기를 시작하여 계속 성경을 읽고 또 읽었다. 그리고 받은 영감을 노트북에 기록하는 방식으로 몇 해를 해오고 있었다. 하지만 이때는 평소 좋아하던 학우와 함께 기도원에 들어갔다. 두 명이 함께 성경을 읽고 또 읽으며 시간가는 줄 모르고 방학의 깊은 밤을 보내고 있었다. 그곳은 당시 청주에서 부교역자로 사역하던 동기 전도사님이 소개한 조용한 기도원이었다. 두 사람이 번갈아 가며 읽어가는 소리가 며칠 동안 익어가고 있었는데 돌연 전화 한 통이 왔다. 바울교회 원팔연 목사님의 부르심이었다. 하던 일을 멈추고 무조건 교회로 오라는 것이었다. 함께 성경을 읽고 있던 동기에게 양해를 구하고 바울교회로 달려갔다.

이 일이 있기 3개월 전, 바울교회에서 개척한 전북 군산에 소재한 호원대학교 교회의 목회자를 구하고 있었다. 나를 잘 아는 분의 추천으로 인해 이력서가 바울교회에 전달되었다. 그러나 교목을 겸해 대학교회를 이끌어 줄 목사를 구하고 있었기에 전도사였던 나는 언감생심, 감히 넘볼 수 없는 자리였다. 그래서 잊어버리고 있었다. 하지만 3개월 정도가

지난 후 성경을 읽는 중에 교회의 연락을 받게 되었다. 교목으로 갈 수 없는 처지였기에 무슨 일 때문인지 더욱 궁금한 마음으로 달려갔다. 그

런데 원팔연 목사님께서 이력서를 자세히 살펴보았다면서 혹 고등부를 맡아보면 어떻겠느냐고 말씀하시는 것이었다. 감사한 일이었다. 하지만 당돌하게도 "목사님! 저에게 청년부를 주시면 안 되겠습니까? 제가 한번 일으켜 보겠습니다." 어쩌면 당시로서는 원팔연 목사님의 부름을 받은 것만으로도 큰일인데 주어진 사역의 자리를 받아들이지 않고 다른 사역의 자리를 주시면 안 되겠냐고 요청하였으니 있을 수 없는 일이었다. 이런 당돌함을 가진 사람이 아마도 내가 처음이 아니었을까 했다는 말을 후에 들은 바 있다. 그만큼 내 안에는 열정이 가득했고 기도원에서 성경을 읽고 있었기 때문인지 그 말은 더욱 강렬했던 것 같다. 하지만 청년부는 이미 담당교역자가 있으니 고등부를 일단 맡아보라고 오히려 나를 설득하시는 것이었다. 이렇게 웃지 못할 상황에서 바울교회의 사역을 시작하게 되었다. 성경을 읽는 동안 가슴은 더욱 방망이질 쳤고, 기적과 같은 만남에 하나님의 은혜라는 고백을 할 수밖에 없었다.

이때 만난 원팔연 목사님은 그야말로 이웃집 형님 같았다. 모든 대화를 마치고 돌아갈 때는 목양실 문을 친히 열어 주시고 또한 꾸벅 인사해 주시는데 여느 목사님들과 다른 모습이었다. 물론 이웃집 형님 같은 포근함이 있었지만 감히 범접할 수 없는 카리스마도 강렬했다. 많은 말씀이 오가지는 않았지만 무게가 있었고 자상한 듯하면서도 강렬하고 짧았던 만남이었다. 무엇이라 표현할 수는 없지만 그 무엇인가가 가득한 그 만남, 그 가슴 설렘과 함께 필자는 바울교회 고등부 사역자가 되었다.

3. 리더의 마음을 조금씩 알게 되다.

2001년 가을 끝자락과 겨울의 시작점에 시작한 고등부 사역은 너무나 기쁘고 감사한 일의 연속이었다. 아이들의 마음 밭이 너무나 잘 조성되어 있었고 선생님들의 자세 또한 너무나 적극적이고 열정이 가득했다. 부임하고 얼마 지나지 않아 준비를 시작한 동계수련회는 원팔연 목사님과의 관계를 밀접하게 만드는 계기가 되었다. 방학을 앞두고 각 교육부서는 동계 교육 프로그램 준비를 시작한다. 교육목사를 중심으로 유치부와 아동부 3개 부서, 그리고 중등부와 고등부 및 청년대학부와 사랑부(장애아)의 교역자들이 긴밀하게 움직이기 시작한다. 그리고 담임목사님께 동계 사역 준비를 보고하는 시간을 갖는다. 이때 각 부서의 교역자는 각각의 행사에 대해 계획서를 준비해야 한다. 그런데 모두가 나와 같이 계획서를 준비하는 것으로 생각했는데 이와는 다른 양상이었다.

동계수련회 계획서 안에 주일 출석과 수련회 참석자를 도표화해 그래프를 만들고 설명을 첨가했다. 과거 수련회를 참석한 각 학년의 비율과 남녀 학생 비율 등을 정리하고, 주일 출석에 대한 각 학년과 남녀의 비율을 정리하고 해석하였다. 그래서 몇 학년을 더 집중하여 교육해야 할 것이며 또한 각 학년의 남녀 비율을 어떻게 조성할지 등에 대한 대책을 나름대로 기술하였다. 그리고 수련회를 통해 어떤 것을 교육적으로 접근하고 또한 어떤 결과를 만들어 낼 것인가를 정리하여 30여 페이지가 넘는 계획서를 만들었다. 교사들에게 이 계획서를 보여주어 이대로만 하면 수련회에서 각자가 어떤 역할을 하고 또한 어떤 결과를 만들어 낼 수 있는지를 명확히 볼 수 있도록 하는 하나의 가이드북을 만들었다. 또한 후속 프로그램은 어떤 것들을 어떤 식으로 접근해야 할지를 기술했다.

　이런 내용을 담은 계획서를 제출하였더니 원 목사님께서 대충 보시고 "뭐가 이리 복잡해!" 하시고는 앞 페이지 두 장

만 뜯어내서 다른 보고서들과 함께 놓아두고 나머지는 뒤편 책상으로 던져 놓으셨다. 다른 교역자들과 위화감이 조성되지 않도록 하기 위해 이렇게

하신 것이었다. 하지만 나중에 들어보니 자신의 방에 가서 모든 보고서를 꼼꼼히 읽었다고 하셨다. 원 목사님의 이런 자상함과 다른 사람들의 입장까지 살피시는 섬세함을 그분의 비서가 되어 모시는 내내 자세히 살피고 배울 수 있었다. 이런 과정에서 원 목사님은 나를 남다르게 느끼셨다고 했고 후에 계속 나를 살펴보시게 되었다고 했다.

그리고 동계 행사 시즌이 시작되었다. 각 부서는 성공적인 교육 프로그램을 만들기 위해 무엇보다 참석률을 높이고 또한 성도들의 관심을 높이기 위해 수련회 홍보에 전력을 다하고 있었다. 아동부가 먼저 캠프를 시작하기 때문에 홍보물을 제작하고 교회 이곳저곳에 게시를 한다. 어느 날 내가 2층에서 1층으로 내려가고 있는데 계단 중간에서 원 목사님이 아동부 게시물을 보고 계셨다. 원 목사님과 마주칠 수밖에 없었다. 그런데 한참을 보고 계시더니 갑자기 나를 보며 "이것 뜯어요. 꼭 이런 식으로 해야만 하나? 옛날이나 지금이나 똑같아!" 하시는 것이다. 나는 짐짓 당황하지 않을 수 없었다. 타 부서의 게시물을 내 손으로 뜯어낼 수도 없기 때문이기도 하지만 담임목사님이 하라는 일을 하지 않을 수도 없었기 때문이었다. 난감한 상황이 잠시 만들어졌다. 하지만 원 목사님은 이런 내 표정이 재미있기라도 하시듯 살짝 웃으시더니 두라고 하시며 2층으로 올라가셨다.

이때 원 목사님의 마음을 조금은 알 수 있을 것만 같았다. 목사님이 무엇을 원하는지를 어렴풋이나마 이해할 수 있었던 것 같았다. 성전을 새로 건축하고 이제 2년 정도가 흘렀다. 가건물로 만들어진 구 성전에서 멋진 돔이 있는 새 성전을 세웠다. 더욱이 IMF 기간을 이겨내며 완공한 예배당이었다. 달리 말해 바울교회는 새 옷을 입었는데 교역자들은 여전히 예전 방식으로, 다시 말해 헌 옷을 여전히 입고 예전과 똑같은 방식으로 일하고 있다고 말씀하시는 것만 같았다. 이제는 새롭고 창조적인 방법으로 규모 있게 일했으면 한다는 메시지인 것이다. "아! 이분이 이런 변화를 원하시는 구나!" 하는 생각이 들었다. 그리고 나 자신도 다른 부서와 비슷한 수준에서 홍보물을 만들어야 하는 것이 아닌가 하고 잠깐이나마 망설였던 생각을 과감히 깨버렸다. 왜냐하면 동계 프로그램 계획서가 다른 부서 교역자들과 너무나 달랐고 그 다름을 보며 나름 내가 너무 과했나 하는 생각을 하고 있었기 때문이었다. 그러나 이번 일로 원 목사님께서 원하시는 사역의 범위와 모양을 생각할 수 있었고, 그래서 더 창조적이고 적극적으로 사역에 임해야겠다는 생각을 하게 되었다.

그래서 동계 프로그램 홍보에서부터 파격적으로 시도하였다. 비규격 직사각형 모양의 현수막을 멋진 디자인과 함께 여러 장 만들었다. 게시하는 첫날 어디에 설치를 할까 생

각하던 중 좋은 장소를 찾아냈다. 지하층에서 본당으로 올라가는 계단이 있는 곳이 있는데, 그곳에 커다란 거울이 있고 성도들이 성전에 들어가기 전에 옷매무새를 만지는 곳이기도 했다. 성도들이 모여드는 곳이기에 게시하기에 아주 적절한 장소였다. 그러나 거울을 가릴 수는 없었다. 하지만 가장 좋은 장소를 그냥 둘 수 없어 과감하게 부착하였다. 그런데 떨리는 순간이 다가왔다. 1층에서 계단을 타고 지하층으로 내려가는데 원 목사님께서 게시물을 보고 계시는 것이었다. 순간 이것 치우라고 하겠구나 하는 생각이 들었다. 왜냐하면 그 거울을 항상 깨끗하게 하라며 관심을 가지고 계셨기 때문이었다. 그런데 플래카드를 한참 보시던 원 목사님이 나를 보더니 씩 웃으시는 것이다. 그러면서 "좋네!" 하는 한마디만 남겨주고 1층으로 올라가셨다. "아 그렇구나, 이분이 이런 것을 원하셨구나……." 원 목사님의 마음을 확실히 알 것만 같았다.

새로운 성전에서 이제 새로운 목회 패러다임을 펼쳐보고 싶으신데 아직도 여전히 교역자들은 옛날 사고방식에 머물러 있다는 표현을 하시는 것 같았다. 원래 배려가 많은 분이기에 다른 교역자들에게는 표현을 안 하셨지만 새로 부임한 나에게는 표현하시는구나 하는 생각을 하게 되었다. 이렇게 해서 원 목사님의 마음을 조금은 알아차릴 수 있었던 것 같다. 비록 고등부 사역에 국한되어 있었지만 그분의 생각을 접목시키기 위해 더욱 많은 노력을 기울이며 능동적으로 사역을 준비해 갔다. 모두 하나님의 은혜이고 인도하심이며 예비하심이었던 것만 같다.

4. 그냥 초짜 파트 타임 전도사였는데……

그 이듬해 가을이었다. 총동원 주일을 하루 앞둔 토요일, 교역자 회의 시간이 왠지 무거워졌다. 몇 달 간 잘 준비했지만 왠지 모르게 총동원 주일 준비가 마음이 안 드셨는지 원 목사님께서 여러 말씀을 하셨다. 그러고는 내일 본당 내 외부 꾸미는 것을 좀 더 잘 했으면 좋겠다고 하시며 교육부가 담당해서 해보라는 것이었다. 지금까지 교육부 교역자들이 이런 일을 해보지도 않았다. 물론 이런 일은 교구 전담 사역자들이 하는 일이었다. 그런데 교육부서가 해보라는 말씀을 주시고 회의를 끝내셨다. 이런 경우 교육목사가 교육부 사

역자들을 소집하고 협의하여 방법을 찾고 만들어 내는 것이 당연한 것이라 할 수 있다. 그러나 점심시간이 지나도 아무런 언급이 없고 오후 3시가 넘어서자 각자의 부서로 다들 가버리는 것이다. 마치 무언의 지시처럼 나보고 알아서 하라는 듯 여운을 남기고 모두 사라져 버린 것이다. 왜냐하면 가끔 수련회 플래카드 이야기를 원 목사님께서 교역자들에게 하셨기 때문이다. 그러나 이제 부임 1년이 채 안 된 초짜 파트타임 전도사가 바로 나설 수도 없는 일이었기에 눈치만 보고 있었다. 교육목사가 한번 해보라고 말이라도 해주고 갔으면 마음이 편했을 것인데 이도 저도 아니었기에 어떻게 할 수 없는 상황이었다. 하지만 시간이 흘러가니 그냥 있을 수만은 없었다.

고등부 일은 임원들에게 맡기고 플래카드를 제작할 수 있는 광고사를 찾아갔다. 그러고는 퇴근해야 한다는 사장님을 붙잡고 새벽 2시가 넘어서까지 함께 작업을 하였다. 대형 외부 플래카드 하나, 중형 내부 직사각형 플래카드 하나, 그리고 작은 직사각형 플래카드 4개를 만들었다. 교회에 도착하니 새벽 4시가 다되었고 관리 집사님께 전화하여 꼭 도와주셔야 한다며 선잠을 깨웠다. 그리고 함께 교회 옥상으로 올라갔다. 외벽을 타는 것이 너무나 위험한 일이었지만 조심조심 기다시피해서 대형 플래카드를 설치했다. 본당에 들어가

플래카드를 다 붙이고 나니 아침이 서서히 밝고 있었다. 이렇게 준비된 본당 내 외부, 서서히 밝아오는 태양과 함께 원 목사님과 함께할 사역의 서막도 열린 것이다. 예배당 첫 문을 여는 순간, 내부의 모습이 원 목사님을 비롯한 모든 교역자들에게 다가왔다. 커다란 현수막에 그려진 그림이며 문구 하나 하나가 바울교회다움을 담고 있는 것처럼 커다란 본당과 너무나 멋들어지게 어우러지며 표현되고 있었기 때문이다. 그날 씩 웃어주시던 원 목사님의 미소를 잊지 못한다. 그때부터 그분에게 미소를 만들어 드리고 싶었고 그 마음에 못할 일이 없었다. 원 목사님은 이렇게 나를 사용하셨다. 나뿐 아니라 모든 교역자들을 이렇게 열정적으로 만드는 나름의 방법이 있으셨고 자신의 역량을 최대한 발휘하도록 만드는 자신만의 노하우가 있었던 것 같다. 사람을 업(up) 시키는 방법, 더 열심을 내게 만드는 탁월함이 있으셨다. 그것을 나 자신도 배우고 싶었고 그래서 더 가까이하게 되었던 것 같다.

5. 기획실로 부름을 받다.

잊히지 않는 만남의 시간이 다가왔다. 신대원을 졸업하고 원 목사님과 독대할 수 있는 기회가 주어졌었다. 그때 원 목사님께서는 전담 사역을 권하셨다. 하지만 전담 사역보다는 공부에 더 뜻을 두고 있었다. "목사님, 저 2년만 더 공부하고 싶습니다. Th.M에 진학해서 좀 더 공부하고 이 기간 동안은 그냥 파트 사역자로 일하겠습니다. 졸업 후에 전담 사역자로 돌아오겠습니다. 그때 교육목사 자리를 저에게 주시면 목사님 목회에 걸맞은 교육부서를 만들겠습니다. 그리고 서울에 있는 대형교회들을 좀 더 연구하고 배워 오겠습니다." 이렇게 요구했다. 그저 허허 웃기만 하시던 원 목사님이 그럼 그렇게 하자고 하셨다. 그리고 Th.M 한 학기를 보냈다.

가을학기가 막 시작했는데 원 목사님께서 천호동에 있는 은진교회로 부흥회를 오셨다. 그래서 학교에서 함께 공부하고 있던 바울교회 출신 신학생 몇 명과 함께 은진교회를 방문하였다. 그런데 집회 전에 미리 만나게 된 원 목사님께서 교회 앞을 함께 걷자고 하셨다. 원 목사님과 단 둘이었다. 은행나무 가로수 아래를 걷는데 목사님께서 말씀을 꺼내셨다. 교회 기획실을 만들고 싶은데 맡아 달라는 것이었다. 기획실을 맡으면 전담 사역을 해야 하기 때문에 공부를 계속하기

가 쉽지는 않았다. 하지만 어른의 부름에 두 번씩이나 거절을 할 수 없었다. 신대원 졸업을 앞두고 전담 사역을 하라고

하셨을 때 2년만 더 공부하고 싶다고 한번 거절을 했기 때문이다. 그래서 이번 부름을 다시 거절 할 수는 없었다. 정말로 내가 필요해서 그러시는 것만 같아서 응답하지 않을 수 없었다. 그래서 무조건 "그렇게 하겠습니다. 학기가 이제 막 시작했기 때문에 이번 주간에 수업 시간표를 다시 조정할 수 있습니다. 월요일, 화요일로 수업을 편성하고 화요일 오후부터는 내려가서 업무를 시작하겠습니다."라고 말씀드렸다.

이렇게 해서 바울교회에서 전담 사역을 시작하게 되었고 기획실을 담당하게 되었다. 그러나 아직 전도사였기에 다른 부교역자들에게 위화감을 줄 수 있을 것 같았다. 그래서 이미 당회에서 기획실장으로 정식 발령이 났지만 부속실 명패를 그대로 유지하며 조심스럽게 업무를 시작하였다. 이렇게 해서 원 목사님과의 가까운 동행이 시작되었다. 되돌아보니 신대원 신앙수련회에서 원 목사님으로부터 은혜를 받고 짧은 기도였지만 "하나님, 저분 밑에서 일하며 배워보고 싶습니다."라고 했던 그 기도를 주께서 들으셨던 것 같다.

또한 참모적 품성이 강한 나를 발견하시고 이런 목회를 꿈꾸며 기도했던 그 기도도 들으셨던 것 같다. 하나님께서는 이렇게 우리 교단의 큰 인물이라 할 수 있는 원팔연 목사님을 만나게 하셨고 그분의 목회를 꽃피울 수 있도록 돕고 협력하는 일에 부족한 나를 사용하셨다. 모든 것이 주님의 은혜일 뿐이다. 그저 감사하고 감사할 따름이다.

6. 밤낮을 잊은 부속실 사역

바울교회에서 사역한 기간이 2001년부터 2010년까지 10년의 기간이었다. 10년 중 8년 이상을 기획실을 맡아 기획 업무와 비서실 업무를 겸하였다. 출퇴근 시간을 모르며 일을 했지만 몸이 피곤하지 않았고 즐겁고 감사할 뿐이었다. 초창기 기획실 업무를 시작할 때에는 밤낮을 가리지 않고 일했다. 밤 10시가 넘어도 업무가 마쳐지지 않았다. 밤 1시 2시가 넘어가기 일쑤였다. 원팔연 목사님의 외부 일정을 관리해야 했다. 교회로 오는 모든 공문을 수발하고 응대해야 했다. 외부 기관이 요청하는 각종 글과 인터뷰 등에 관한 내용도 원 목사님의 의중을 실어 응대해야 했다. 교회 내부적으로는 교회의 각종 행사를 기획하고 준비시킬 뿐 아니라 각각의 주일에 있을 외부 강사를 조율하고 집회를 관장해야 했다. 뿐

만 아니라 교회의 방송실과 홈페이지, 그리고 교회에서 출간하는 신문, 잡지 등의 원고를 작성하고 또한 원고를 의뢰할 뿐 아니라 출판 디자인을 하

고 출판을 직접 해야 했다. 또한 배부와 외부 발송도 업무 중에 하나였다. 무엇보다 교회를 방문하는 외부 인사들을 영접하고 모셔야 했으며 교역자들의 업무 활동을 관장하며 때로는 업무를 지시하고 감독해야 했다. 담임목사님의 목양에 필요한 모든 것을 준비하고 보좌해야 할 뿐 아니라 목회 철학을 공유하며 발전 방향을 세우고 교회의 핵심가치를 만들어내는 역할을 해야만 했다. 이런 과중한 업무가 주어졌지만 교회는 날로 부흥했고 원팔연 목사님의 목회는 더욱 박진감 있게 전개되었기에 힘든 줄 모르고 일을 하게 되었던 것 같다. 오히려 일을 하면 할수록 기쁨과 감격이 더 크게 다가왔다.

잊지 못할 일도 여러 차례 있었다. 교역자실은 오후 6시면 업무를 종료한다. 그러나 부속실은 그렇게 할 수 없었다. 바쁘신 담임목사님의 업무 보좌를 위해서도 그랬지만 교회의 새로운 면모를 만들기 위해서 새롭게 시작하는 일들이 많았기 때문이다. 처음 부속실은 여직원 1명과 출판 디자이너 1명, 그리고 실장인 나를 포함해 3명으로 구성되었다. 후에 1명의 남자 전도사가 추가되며 기동성을 갖추게 되었다. 하지만 기획실 직원들에게까지 야근을 강요할 수는 없었다. 그럼에도 불구하고 이들은 밤늦은 시간까지 함께 일하며 초기 기획실을 세우는 데 지대한 역할을 해주었다. 참 감사한 일이다. 항상 늦은 시간까지 야근이 계속되었다. 하루는 늦은 시간에 모두 퇴근을 하고 난 후 실장인 나는 여전히 퇴근하지 못하고 일에 집중하고 있었다. 한참을 집중하여 일을 하고 있는데 부속실 문이 갑자기 열렸다. 원팔연 목사님이 새벽예배를 인도하시기 위해 문을 열고 들어오신 것이다. "뭐야! 지금까지 하는 거요?" "어! 벌써 시간이 이렇게 되었습니까?" 이렇게 일하기를 하루 이틀이 아니었다. 하지만 피곤치 않았다. 왜 그랬을까? 원팔연 목사는 부교역자가 이렇게 일해도 전혀 피곤치 않고 스스로 성취감을 느낄 수 있도록 동기를 부여해 주었기 때문이다. 일의 좋은 결과에 대해서는 칭찬을 아끼지 않지만 혹 실수가 된 일 앞에서는 아이러니하게도 책망 없는 리더십으로 더욱 집중하여 최선을 다하게 만들기 때문이다. 이렇게 새벽을 맞는 날이 하루 이틀이 아니었다.

7. 수술과 회복의 어려움이 다가오다.

기획실 업무가 성취가 있고 보람이 있더라도 사람은 역시 사람이었다. 2008년 가을에 어려서 다친 다리를 수술해야 했다. 교회 업무에 지장을 받지 않기 위해 추석 명절 기간에 병원에 입원하여 수술을 받았다. 어려서 다친 다리가 문

제였다. 일상생활에는 불편함
이 없었으나 점점 피로가 누적
되었는지 몸에 이상 신호가 온
것이다. 앉고 일어섬이 불편해
지기 시작했다. 그래서 추석

연휴 기간을 이용하여 수술을 하고 회복하려 하였다. 하지만
수술 후 회복이 제대로 되지 않았다. 휠체어와 목발을 짚고
서 교회 업무를 계속했지만 몸이 쉬 피곤하여 야근을 할 수
없었다. 왠지 모르게 일을 조금씩 미루게 되고 직원들과 동
료 목회자들에게 자꾸 맡기기 시작했다. 점점 성취감이 떨어
지고 일에 대한 자신감이 줄어들기 시작했다. 창조적인 작업
보다는 기존에 있는 일을 돌리기에 바빴다고나 할까! 시간
이 이렇게 1년여를 흘러갔다. 몸을 회복해 보려고 나름 노력
을 더했다. 하지만 몸에 피로만 계속 쌓여갔다.

사실 바울교회 기획실 업무는 만만치 않은 일이었다. 무
엇보다 체력적으로 갖추어지지 않으면 버티기 힘든 일이었
다. 그래서 아무리 야근이 있어도 새벽예배를 마치고 교회
에서 운동복을 갈아입었다. 그리고 약 10Km 정도를 주중
에 서너 차례 이상 달렸다. 사실 바울교회에 부임하기 전부
터 체력관리를 위해 매일 6-7Km 정도를 달리고 있었다. 이
렇게 달리기를 시작한 지 벌써 10여 년이 넘었었고 바울교

회 기획실을 담당하면서도 계속했다. 이런 체력관리가 있어서 그동안 업무를 충실히 살필 수 있었던 것 같다. 하지만 수술을 한 후 체력이 급격히 떨어졌고 회복할 수가 없었다. 나름대로 회복을 위해 다시 달리기를 시작해 보았지만 예전처럼 달릴 수 가 없었다. 이렇게 체력이 떨어지니 마음도 흔들렸다. 새로운 일을 해낼 수가 없고 하던 일들을 돌려야 했다. 마음에 새로운 일에 대한 동기부여가 자꾸 감소되자 점점 기획실이 답답해지기 시작했다.

8. 103년차 선거 전략을 세우다.

원팔연 목사님이 교단 103년차 부총회장에 출사표를 내자 부속실에서도 선거 기획을 해야 했기에 비상 상태로 돌입하였다. 선거 운동원이 된 목사님들과 장로님들이 해야 할 일이 있지만 젊은 참모진인 기획파트에서 해야만 하는 일도 있었다. 먼저는 선거 전략을 큰 그림으로 그려야 했다. 원 목사님의 목회 컨텐츠를 중심으로 선거 전략을 만들어 내야 했다. 물론 선거 운동원들은 각 지방의 대의원들을 만나 원 목사님을 소개하는 등 직접적인 일들을 전개한다. 이 운동원들이 밤낮을 가리지 않고 열심을 다해 선거를 이끌어 간다. 하지만 운동원들의 손에 들려줄 각종 선거 기획물은 우리가 만들어야 했다. 운동원들이 대의원들을 만날 때 들고 갈 수 있는 출마의 변을 담은 인쇄물과 같은 선거 기획물이 필요했다. 그리고 각종 간담회나 공식 선거 운동 기간에 있는 각종 연설회 등에서 사용할 인쇄물을 만들어야 했다. 또 타임 테이블을 만들어 어떤 과정을 거쳐 선거 운동을 진행할지에 대한 기획도 필요했다. 여기에 103년차 선거에서 처음 시도하는 각 지역별 유세 장소에서 '후보자 홍보 부스'를 만들어야 했다. 각종 선거 포스터뿐만 아니라 유인물을 만드는 작업을 해야 했고 선거 슬로건도 만들어야 했다. 모든 것이 쉬운 작업이 아니었다.

먼저 선거 전략을 수립해야 했다. 원팔연 목사를 가장 잘 나타낼 수 있는 것은 역시 부흥이었다. 7명으로 시작된 교회를 1만 명에 이르는 교회로 성장시킨 그 열정과 방법을 교회에서 교단으로, 그리고 한국교회로 전도되도록 하겠다는 것을 기본 방향으로 수립하였다. 집사 7명으로 시작해 1만 명에 이르게 한 목양의 열정을 이제 바울 교회에서 교단 부흥으로 전도될 수 있도록 최선을 다하겠다는 개념으로 선거 전략을 수립하였다. 그래서 각종 인쇄물도 이런 방향으로 발행하였고 선거 연설문도 작성했다. 인쇄물 하나를 만들어

내기 위해서는 수많은 자료들을 찾아보아야 했고 이런 과정을 거쳐 수차례 기획회의를 하고 날을 새며 준비하였다.

그 중 전체적으로 보면 선거 전략을 부흥으로 보고 준비한 것이 가장 큰 일이었다. 부흥의 불길을 일으키기 위해서는 교단적으로 전도 운동을 일으키자고 하였다. 그래서 바울교회가 봉고차를 몇 대 준비하고 각 총회 기관에서 몇 대를 협찬받아 지방회 숫자만큼 준비하는 골자로 기획의 방향을 잡았다. 그리고 각 지방회별로 가장 전도를 많이 한 교회를 선정하도록 했다. 이때 선정 기준은 전도 숫자가 많고 적음으로 하는 것이 아니라 전체 교인대비 전도 숫자의 비율로 선정하도록 하였다. 각 지방회에서 평가를 공정하게 할 수 있도록 했고 혹 비교적 큰 교회가 수상자로 선정되면 작은 교회 혹은 개척교회에서 사용할 수 있도록 양보하도록 하였다. 부총회장에 당선되어서 1년 동안 이 일을 추진할 것이며 총회장에 취임하는 다음 총회에서 시상하도록 하겠다는 선거 전략을 만들어 냈다. 그리고 실제로 105년차 총회가 열린 서울신학대학교 성결인의 집 광장에 봉고차 수십 대가 전도 시상품으로 도열해 있었고 이 일 후에 총회에서 하나의 전통이 되었고 총회적으로 부흥에 대한 관심을 불러일으킬 수 있는 전환점을 이루는 귀한 일이 되었다.

또한 지금까지의 선거와는 다르게 103년차 선거에서는

부총회장 후보자 홍보 부스를 운영하였다. 총회 전에 전국의 6개 지역에서 선거 연설회가 열리  고 이때 홍보 부스를 운영하라는 것이었다. 하지만 처음 있는 일인지라 홍보 부스의 운영에 대한 정확한 지침이 따로 있지는 않았다. 다만 지정된 교회에 동일한 크기의 공간을 줄 것이며 이곳에 홍보물을 채워 넣으라는 것이었다. 후보자 연설회가 끝나면 대의원들이 홍보 부스에 가서 관람하도록 하는 형식으로 진행되었다. 이 일을 위해 부교역자와 성도 12명으로 구성된 팀을 구성하였다. 그리고 사진 자료를 만들고 또한 각종 인쇄물들과 포스터 자료를 만들었다. 캐리커처도 제작하고 각종 플래카드와 폼보드를 이용한 자료를 제작하였다. 그러나 무엇보다 원 목사님의 목회 여정을 가장 잘 보여줄 수 있는 사진을 크게 제작하여 약 60여 개에 이르는 큰 사이즈의 사진 액자를 전시하였다. 이때 상대 후보와 차별을 위해 상대 후보자의 홍보 부스보다 더 크고 잘 준비해야 한다는 데 초점을 맞추었다. 또한 전시물을 상대 후보자 부스가 설치되기 전에 먼저 설치하고 빠져나갈 때도 신속하게 빠져나가기로 했다.

하루에 두 곳에서 연설회가 있었기 때문에 설치와 재설치의 시간이 많지 않았다. 첫날 연설회는 오전에 대구에서, 그리고 오후에 대전에서 하는 형식이었다. 그래서 점심을 따로 먹을 수 없어 도시락을 준비하여 이동 중에 먹게 하는 등 신속히 움직일 수 있도록 했다. 대구에서 첫 번째 연설회가 있는 날, 우리 팀은 하루 전에 대구에 도착하여 숙박하고 아침 일찍 당시 연설회장이 있는 대구봉산교회로 갔다. 그리고 신속히 설치하였다. 다른 후보자의 경우 서울에서 내려오기 때문에 아무래도 아침 일찍 오지 못할 것으로 생각했다. 그리고 실제로 우리는 설치를 마쳤는데도 불구하고 아직 오지 못했고 급히 후보자와 함께 도착하여 설치하였다. 우리는 12명의 팀이 움직였기에 신속함에서 뿐 아니라 내용면에서도 차이가 확연하게 드러났다. 그리고 전시물 중간 중간에 12명이 정장을 하고 자세한 안내까지 하였다. 작업복과 정장을 따로 준비해 깨끗하고 정갈함을 보여주었다. 전시물 중간 중간 꽃으로 데코레이션까지 했었다. 교인 중 꽃가게를 운영하시는 분이 가게를 잠깐 닫고 우리 팀에 합류해서 함께 팀워크를 맞추다. 그리고 대구에서 전시회가 끝난 후 신속하게 철거하여 이동하였다. 당시 후보자는 3층, 우리는 5층에 있었다. 전시물도 그 양이 3배 정도 되었지만 신속하게 정리하고 짐을 내려 차에 실었다. 대의원들이 식사를 하고 나오며 우리 팀이 신속하고 체계적으로 움직이는 모습을 볼 수 있었다. 사실 홍보 부스를 기획하며 이렇게 신속하게 체계적으로 움직이는 것을 대의원들에게 보여주는 것도 원 목사님의 리더십을 보여주는 것이라고 생각했다. 실제로 전시물을 다 만들어 놓은 후 교회 교육관을 이용해 설치하는 시간과 정리하여 차에 실어 이동할 수 있도록 완벽하게 짐을 쌓는 것까지 측정하여 서너 차례 연습까지 했다. 그래서 일사천리로 움직였고 상대 후보자 홍보팀이 짐을 다 내리기도전에 우리는 출발했고 대전에서도 상대 팀이 도착하기 전에 우리는 설치를 마쳐놓고 기다리고 있었다. 함께 움직여준 12명의 팀원들을 "한 타스"(볼펜 12자루 묶음 지칭)라 부르며 팀워크를 이뤘고 원 목사님의 선거를 지원하는 데 최선을 다했다.

포스터를 제작할 때는 서울에 있는 광고회사와 연결해 몇 번을 오르내리며 준비하였다. 마지막 시안이 3가지 나왔는데 혼자서 결정할 수 없었다. 당시 교단 목회자대회가 강원도에서 열렸는데 시안을 들고 강원도로 달려가 전주지방회 목회자들에게 보여주고 의견을 청취하고 참모회의를 거쳐 결정하였다. 포스터 하나를 제작함에 있어서 서울을 몇 차례를 오가고 또한 강원도까지 단숨에 달려가 여러 의견을 청취하는 등 원 목사님의 부속

실답게, 기획파트답게 움직이며 지원하였다. 이렇게 선거 전략을 기획하였고 또한 원 목사님의 선거 운동원들이 열과 성의를 다해 지원한 결과 103년차 부총회장에 당선될 수 있었다. 뿐만 아니라 교단의 부흥을 위해 원팔연 목사님께서 최선을 다하였고 이후 교단의 부흥운동이 계속 일어났다. 또한 교단적인 행사에서는 어려운 교회들을 위해 봉고차를 기증하는 일들이 계속되고 있으니 이 일을 기획하고 이뤄낸 목회 참모로서의 보람이며 그저 감사할 따름이다. 하지만 이런 열정과 수고가 쌓이며 몸이 점점 지쳐가고 있었다.

9. 죽음의 문턱을 넘다.

교단 부총회장 선거가 교단 총회와 함께 막바지에 다다르고 있을 때 결코 잊지 못할 대 사건이 발생하였다. 당시 수원 세한교회에서 103년차 총회가 개최되었다. 총회 첫날 화요일 밤 식사 시간에 선교단체에서 나누어준 한방 소화제를 먹고 응급실로 실려 가게 된 사건이다. 저녁에 나누어준 약품을 새벽에 일어나 먹었다. 약 70알 정도의 환약이었다. 보통 한방 소화제는 이 정도 양을 먹는 것이 일반적이었다. 염소 똥처럼 생긴 검정색 약이었으며 매우 작은 환이어서 이 정도 양을 먹는 것으로 생각했다. 그런데 소화제가 아니라 혈기원이라고 다른 약품이었다. 저녁에 약을 받을 때 소화제라고 안내를 받았고 소화제냐고 재차 묻기까지 했었다. 저녁에 약을 먹고 잘까 하다가 그냥 자보자는 생각에 먹지 않았다. 그러나 총회 선거로 긴장했던 탓인지 아침까지 속이 좋지 않아 먹게 되었다.

아침에 회의장으로 향하는 길에서부터 몸이 추워지고 어지럼증이 오기 시작했지만 정신력으로 버티며 원 목사님을 모셨다. 그러나 계속 증상이 악화되어 세한교회 교역자실로 가서 이 약에 대해서 추적해 주기를 부탁했다. 소화제가 아니라고 했다. 많이 먹었으면 좀 쉬면서 따뜻한 물을 먹으면 호전될 것이라 했다. 그러나 전혀 호전되지 않고 어지러워 견딜 수 없었다. 급히 차를 불러 아주대 응급실로 갔다. 그리고 응급 치료를 받는데 갑자기 병원 상황이 보이기 시작하였다. 몹시 괴로워하며 옆으로 쓰러지는데 아픈 몸이 분리되는 것 같은 느낌이 있었다.

그리고 내 자신이 둥둥 떠오르는 느낌이 들었다. 병실이 온통 밝고 맑은 흰색

으로 변하며 병원 상황이 내려다보이기 시작했다. 그러면서 머리 뒤로 의식이 너무 선명하게 돌아가며 마치 에스겔의 환상에서 네 바퀴가 돌아가는 것처럼 두 개의 커다란 바퀴가 좌우에서 돌아가는 듯한 느낌을 받았다. 그리고 너무나도 크신 하나님이라고밖에 고백할 수밖에 없는 그분과 마주쳤다. 그분께 이렇게 말했다. "하나님! 오늘 이렇게 마치라구요? 안 됩니다. 그럴 수 없습니다. 저도 일해 보고, 충성해 보고 하나님께 가야 하지 않습니까? 저 못갑니다. 저 가더라도 돌려 보내주시라고 할 겁니다. 하나님 저도 일해 보고 가겠습니다. 충성해 보고 가고 싶습니다." 영혼의 소리로 하나님께 매달렸던 것 같다. 그랬더니 갑자기 몸이 조금씩 풀리면서 누군가 내 뺨을 때려 깨우는 것이 느껴졌다. 작은 소리가 들리기 시작했다. "정신 차려요, 정신 차려요." 간호사의 소리였다. "약을 줄게요. 입을 벌려 봐요." 갑자기 심장 쇼크가 왔고 죽음 직전까지 갔던 것이다.

그리고 엉엉 물고 말았다. 이런 쇼크가 다시 오면 돌아올 자신이 없었기 때문이다. 잘못 먹은 약이 심장 쇼크를 일으켰고 부정맥이 심하게 왔는데 다시 쇼크가 오면 죽을 수도 있다고 침대에서 일어나 앉지도 말고 누워 있기만 하라고 했다. 옆을 지키고 있던 후배 목사에게 유언 아닌 유언까지 해버리고 말았다. "김 목사님! 어쩌지요! 내가 다시 쇼크가 오면 이젠 자신이 없는데……. 부탁 하나 합시다. 내가 만약 잘못되면 우리 아이들 좀 부탁할게요. 나는 6학년 때 아버지가 돌아가셨지만 늦둥이 아들은 이제 2살인데……. 아이를 어떻게 할까? 부탁합시다. 우리 애들 좀, 그리고 우리 사모도 좀 도와줘요. 그리고 우리 어머니도 아버지가 지금 내 나이에 돌아가셨는데 어머니가 어떻게 견디실까요? 우리 어머니도 잘 좀 부탁합시다. 그리고 원 목사님께는 알리지 마세요. 만약 내가 잘못되면 그분 품성에 부목사가 선거 준비하다가 죽었는데 내가 이 일을 할 수 있겠느냐며 안 하실 분이니 절대로 선거가 끝나기 전까지는 알리지 말아야 합니다.” 가족에 대해 부탁하고 또한 원 목사님이 선거를 계속 치르셔야 한다며 알리지 말 것을 부탁했다. 마치 장수가 주군을 위해 끝까지 목숨을 바쳐 지켜내는 것처럼 말이다. 지금 생각하면 웃음이 나오지만 그때는 비장했었다.

  지금까지 목회자로 살아왔다. 천국이 있다는 확신을 가지고 살아왔지만 이 경험 후에 정말 천국이 있음을, 하나님 나라가 있음을 다시 확신하게 되었다. 그리고 포기하지 않으면 죽음까지도 되돌려 주시는 분이 하나님이심을 알게 되었다. 그래서 어떤 어려움 앞에서도 절대로 포기하지 말고 사명을

생각하라고 말할 수 있게 되었다. 죽음 앞에서 나를 만나주신 하나님, 죽음도 되돌려 주신 하나님의 은혜가 그저 감사할 뿐이기에 더욱 충성하며 살아갈 것을 다시 다짐해 본다.

너무나 큰 영적 체험이 있었지만 몸의 컨디션은 하루가 다르게 달라졌다. 다리를 수술하고 회복이 어렵던 체력은 이 일로 인해 더욱 힘들어졌다. 부속실 업무에 대한 무게감이 계속 마음의 짐으로 다가오자 더 이상 부속실에서 회복하는 일이 어려울 것 같다는 생각에 이르게 됐다. 그래서 원 목사님과의 헤어짐을 더욱 고민하게 되었다. 이 사건은 원 목사님도 모르실 것이다.

10. 앞서지 못하고 뒤따라가는 나를 발견하다.

2009년 가을 무렵이었다. 선거 기간 동안 수고하였다며 목사님께서 선물을 주셨다. 필리핀 선교지 방문에 동행하도록 허락해 주셨다. 업무가 아닌 휴식을 취하라는 의미였다. 성도 몇 명도 동행했는데 나로서는 스스로에게 허락되지 않는 일이 여기에서 또 발생하였다. 이런 출장이 있으면 원 목사님보다 앞서서 가며 모든 것을 준비해 드렸다. 원 목사님이 불편하지 않도록 항상 먼저 준비하였다. 하지만 필리핀 공항에서 입국 절차를 밟고 있는데 원 목사님이 한참을 앞

서서 가시는 것이었다. 내가
원 목사님을 찾기 위해 평소처
럼 뒤를 돌아다보는 것이 아니
라 앞을 향해 목을 쭉 뻗어 살
펴야 했다. 다른 이에게는 아

무런 일이 아닐지 모르지만 나로서는 용납이 안 되는 일이
었다. 항상 앞서서 가실 길을 안내하고 또 해야 할 일들을 준
비시켜 드렸는데 이번에는 내가 뒤따르고 있는 것이었다. 한
참 동안 앞을 살핀 후에 목사님의 위치를 파악했다. 이런 내
모습을 마주하고선 적잖이 놀랐다. "아! 내가 많이 느려졌
구나. 이제는 더 빠르고 박진감 있는 젊은 사람이 목사님 옆
에 있어야 하겠구나. 나도 이제 40대 초반을 가고 있으니 아
직도 젊다고 할 수 있을지 모르지만 순발력에서 뒤처지는구
나." 하는 생각을 하게 되었다.

더 이상 이런 상태로 원 목사님을 보좌해서는 안 된다는
생각이었다. 더 젊고 유능한 사람이 목사님을 모셔야 한다
는 생각이 있었기 때문이다. 공항에서 원 목사님을 앞서가지
못하고 뒤에서 따라가는 모습은 너무나 큰 충격이었다. 또
한 수술 후 회복하기가 어려워지며 부속실 업무량이 부담스
러워지기 시작했다. 급기야 총회 기간 중 죽음의 문턱을 넘
게 된 경험이 결정적으로 다가왔다. 번 아웃 상태에 빠져들

기 시작했다. 이때 이런 생각이 머리에 들어왔다. 아무래도 자리를 내어드려야 할 때가 된 것은 아닌가? 원팔연 목사님의 목회를 위해 더 젊고 박진감 있는 사람이 기획실 일을 맡아야 하는 것이 아닌가 하는 생각을 하게 된 것이다. 더 이상자리보전을 한다는 것이 내 자신에게는 유익이 있을지 모르지만 원 목사님의 목회와 바울교회를 위해서는 옳은 일이 아니라는 생각이 들기 시작한 것이다. 하나님께서 바울교회의 사역은 여기까지라고 말씀하시는 것만 같았다. 결단이 필요했다.

11. 헤어짐을 준비하다.

바울교회 부속실 사역을 정리하고 유학을 떠나야겠다는 생각은 사실 몸이 많이 지쳐 번 아웃 상태에 이른 나 자신을 다시 추슬러야겠다는 생각 때문이었다. 하지만 원팔연 목사님께 먼저 말을 꺼낼 수는 없었다. 지금까지 믿어주고 아껴주신 그 사랑 때문이었다. 하지만 대의를 보아야 했다.

바울교회 기획실장의 자리, 성결교단에서 이 정도의 자리에서 이런 많은 일들을 해보며 또한 원팔연 목사님을 가까이에서 이렇게 배울 수 있는 기회를 갖는 사람이 몇 명이나 있을까? 참 귀한 기회이고 자리였다. 하지만 나의 사역은 여

기까지가 아닌가 하는 생각
이 계속 밀고 들어왔다. 이
제부터는 헤어짐을 위한 준
비를 잘해야 한다는 생각을
했다. 원팔연 목사님이 평

소에 하시던 말씀이 있다. "사람은 처음 만날 때보다 헤어질
때가 더 중요하다."는 것이었다. 이렇게 좋은 만남을 주신 하
나님께 감사했다. 하지만 이제 이 복을 좋은 헤어짐으로 마
감해야 했다. 그러나 달리 선택이 없었다. 이미 원팔연 목사
님께 교회 개척이나 청빙을 먼저 말할 수 없는 관계성이 있
기 때문이다. 그래서 유학을 선택할 수밖에 없었다. 아마도
개척이나 청빙을 받겠다 하면 자신이 달아서 준비를 해줄
것이니 일을 더 해야 한다고 하실 것만 같았다. 헤어짐을 준
비해야 했다. 물론 내 자신의 부족함과 약해짐을 느끼며 결
정을 내리기는 했지만 원 목사님 옆에 더 좋은 참모가 있어
야 하겠다는 생각에 자리를 내어드려야겠다는 충성된 마음
의 발로였음 또한 부정할 수 없는 일이었다.

12. 미국으로 향하다.

　헤어짐을 위한 좋은 방법을 찾아야 했다. 청빙을 받든지 개척을 생각하든지 해야 했다. 하지만 청빙이나 개척을 말할 경우 원 목사님께서 허락하지 않을 것 같았다. 그러나 유학을 가겠다고 한다면 다른 반응을 하실 것 같았다. 그래서 빠른 시간 내에 입학을 허락받을 수 있는 학교를 모색했다. 그리고 지인을 통해 풀러신학교를 안내받았다. 하지만 풀러보다는 탈봇신학교에 더 마음이 갔다. 하지만 탈봇은 나름대로 준비하는 시간이 필요했다. 그래서 최단 기간에 떠날 수 있는 풀러신학교의 문을 두드렸다. 입학 서류를 빠른 시간에 준비하여 보냈고 입학허가를 받게 되었다. 입학허가서를 들고 원 목사님과 독대하였다. "목사님! 지난 10여 년을 이렇게 목사님 가까이서 모시며 모든 것을 쏟아 부은 것 같습니다. 이제 더 이상 잘 모시려고 해도 창조적인 발상이 나오질 않는 듯합니다. 더 젊고 유능한 이에게 자리를 내주어야 할 것 같습니다. 허락해 주시면 미국에 가서 공부하며 제 자신을 가다듬고 채웠으면 좋겠습니다. 학교에 의뢰했는데 오라는 허가가 나왔습니다. 혹 목사님께서 허락해 주시면 가고, 가지 말라 하시면 안 가겠습니다. 배움의 기회를 한 번 주셔서 제 자신도 좀 회복하고 새로운 안목도 갖추어서 돌아오고 싶습니다. 혹 돌아와서도 목사님을 섬길 수 있는 기회를 주신다면 더욱 성의껏 모셔보도록 하겠습니다. 미국에 한 번 갈 수 있는 기회를 허락해 주셔요." 이렇게 간곡하게 말씀을 드렸다.

아니나 다를까? 목사님의 반응은 생각했던 대로였다. 말씀을 듣는 순간 머리를 푹 숙이시더니 한참을 생각하시는 것이었다. 그러고는 말씀을 꺼내셨다. "혹 청빙을 받든지 개척을 하든지 하겠다면 내가 말리고 좀 더 일하라고 하겠는데, 공부를 하겠다면 내가 대신해 줄 수는 없는 것이니 어떻게 말리겠나? 그러면 어떻게 도와주면 되겠는가?"라고 오히려 물으시는 것이었다. 이렇게 해서 원 목사님의 허락을 어렵게 받은 뒤 가족 모두를 데리고 미국 유학길로 들어서게 되었다. 40이 넘은 늦깎이 유학, 그러나 되돌아보니 이도 하나님의 은혜였다. 어려서 6촌 형님이 유학을 떠난다고 했다. 사실 초등학교 6학년 때 경찰공무원이시던 아버님이 갑자기 업무 중 순직하시게 되었다. 이후 어머니께서 가정을 책임지셨고 가정 경제는 쉽지 않은 상태였기에 나로서는 유학 같은 것을 꿈도 꿀 수 없었다. 하지만 6촌 형이 미국 유학을 간다는 말을 듣고 마음 한 구석에 아련함이 밀려왔다. 나로서는 쉽게 할 수 없는 일, 그러나 마음 한 편으로 "하나님, 나는 정말 불가능할까요? 유학이라는 것은 내게는 허락되지 않는 일일까요? 지금은 못 가지만 언젠가 저도 유학길에 한 번 오를 수 있도록 허락해 주시면 안 되겠는지요? 저에게도 언젠가 기회를 한 번 주세요." 소리도 못 내고 마음 안으로

만 품고 기도한 그 간절함을 하나님께서 들으셨던 것만 같다. 우연히 주어진 것이 아니라 어쩌면 그때 그 기도를 들으신 하나님께서 40이 넘은 나이에 이런 기회를 주신 것은 아닐까 하는 고백을 해보게 된다.

13. 한국으로 돌아온 후 바울교회에서

2013년 9월, 드디어 미국 생활을 마치고 돌아왔다. 사실 목회지가 정해지지 않은 상태에서 한국으로 돌아왔다. 40이 넘은 나이에 미국으로 떠난 것은 상당한 도전이었으며 용기가 필요한 일이었다. 하지만 돌아오는 일도 그에 못지않은 용기가 필요했다. 2013년 봄 학기 중 한국에 있는 교회에서 몇 차례 청빙 연락이 있었다. 이력서를 보냈고 좋은 답도 있었다. 한국에 급히 나가 청빙 설교를 하기도 했다. 그러나 될 듯 될 듯 하였지만 마지막 순간에 좌절되기 일쑤였다. 마지막으로 청빙 절차를 밟던 교회는 청빙이 거의 확실시되었다.

모든 조건과 여건이 조화를 이루었고 교회와 장로님들도 좋아해 주었다. 그런데 또 마지막 순간에 선택을 받지 못했다. 방학이 끝나면서 한국으로

들어갈 수 있을 것 같아 이삿짐 맡길 곳도 알아보고 있었다. 그런데 한순간에 무너진 것이다. 이런 일을 청천벽력이라고 하는 것인지 마음을 잡기가 어려웠다. 청빙만 멈춘 것이 아니라 미국에서의 삶은 이미 정리하고 있었기 때문에 달리 방법이 없었다. 앞으로의 계획 또한 멈춰버린 것만 같았다.

기도 외에는 방법이 없었다. 절박한 심정으로 집에서 1시간 반 거리에 있는 한인 목회자가 운영하고 있는 기도원으로 들어갔다. 뜨거운 사막 기온이 한 참 올라갈 때였다. 작은 기도원, 이곳에 10일을 머물며 금식과 함께 기도했다. "하나님! 어디로 가야 합니까? 목회의 길을 열어주셔야만 하는 때가 아닙니까?" 절박한 심정으로 하나님께 매달릴 수밖에 없었다. 그러나 여전히 담임목회지에 대한 소식은 없었다. 그저 하나님께서 침묵하시는 것만 같았다. 알 수 없는 시간이었다.

하지만 마음 깊은 곳에서부터 평안과 함께 주님의 위로하심이 있었다. "하나님! 미국에서 못하겠어서 태평양을 건너는 것이 아닙니다. 목회 현장에 가야겠기에, 하나님의 부르심에 응답해야겠기에 갈 바는 모르지만 아버지께 맡기고 한국으로 갑니다. 이제 책임져 주셔야 합니다." 기도의 응답은 이렇게 왔다. 늦깎이로 출발한 유학생활, 3년여의 시간을 보내고 이제는 한국으로 돌아가야겠다는 생각에 학위를 접었

다. 학위를 받아 교수가 되고 싶은 마음보다는 목회를 하고
싶은 마음이 더 컸기 때문이다. 한국에 가는 발걸음이 결코
가볍지는 않았지만 그렇다고 두렵지도 않았다. 모든 것을 주
께 맡긴 심정이 바로 이런 것인가 싶을 정도로 담담했다. 그
리고 한국으로 출발하였다. 또 하나의 새로운 도전이 시작되
었다.

2013년 9월, 드디어 한국에 입국하였고 바울교회로 갔
다. 원팔연 목사님께 미리 연락을 드렸기에 반갑게 기다리
고 계셨다. 주저 없이 "목사님! 목회지가 나타날 때까지 머
물 수 있도록 해주셔야만 하겠습니다. 아직은 갈 곳이 없습
니다." 원 목사님도 난감하였으리라. 그러나 두말하지 않으
셨다. 그냥 목회지가 나타날 때까지 교회에 머무르라고 하셨
다. 목회 준비를 해야 하겠기에 어디든지 갈 수 있도록 업무
에서 배제하고 생활할 수 있도록 사례비까지 책정해 주셨다.
과연 원팔연 목사님이시다 하는 생각이 들었다. 그리고 담임
목회지로 나가기 전 바울교회에서 지냈던 이 1년 동안 안 가

본 곳이 없을 정도로 많은 곳
을 방문하고 배우며 준비하였
다. 전국의 큰 교회, 작은 교회
구분 없이 수없이 찾아 다녔
다. 배워야겠다고 생각되는 곳

은 어디든 갔었다. 이 시간 또한 하나님께서 주신 은혜이고 선물인 것만 같았다.

하지만 교회를 방문하면 할수록 마음은 더욱 절실해졌고 그 절실한 마음은 기도하는 기간이 되었다. 새벽, 낮, 밤 할 것 없이 언제나 개방되어 있는 교회 기도실은 나를 위한 기도실이 되었다. 때론 홀로 산 기도를 갔다. 수없는 시간이 이렇게 흘렀다. 그리고 서울서지방 제일교회로 2014년 7월에 부임하게 되었다. 모두가 하나님의 은혜이다. 그저 감사하고 감사할 따름이다.

14. 2010년 이후의 바울교회

2010년 6월 미국으로 떠난 후, 바울교회 소식은 매일 매일이 놀라운 일들이었다. 먼저는 바울센터의 건립이다. 또한 교단 선교사 30가정을 한 번에 파송한 일도 대단히 놀라운 일이었다. 바울교회의 일의 규모를 여실히 보여주는 일이었다. 마음에 기쁨도 있었지만 떠나온 자리에 대한 아쉬움도 진하게 들어왔다. 이런 아쉬움의 시간이 지나며 원팔연 목사님도 은퇴를 하셨고 바울교회의 리더십이 신용수 목사에게 이양되었다. 모든 것이 주님의 뜻이고 인도하심이라고 고백한다.

바울교회는 그동안 놀라운 성장 단계를 밟아왔다. 처음 개척 단계에서 중형교회로의 전환, 그리고 용머리고개 시대를 열며 대형교회로 성장할 수 있는 잠재력을 만들었다. IMF라고 하는 국가적 난관 속에서도 새 성전을 건립함으로 전주와 전북을 아우르는 1등 교회가 되었다. 이런 발전 속에 2005년을 기점으로 "존경받는 교회로의 전환"이라는 패러다임의 변화를 가졌고, 이를 통해 앞만 보고 달려온 교회의 이미지를 "함께 달려가는 교회"로 바꾸는 대 전환을 이루어냈다. 지금까지는 혼자 달려가는 데 혼신의 힘을 다하였다면, 이제는 함께 달려가며 전주와 전북에 있는 교회들에게 힘이 되어주는 그런 교회가 된 것이다. 함께 성장하며 교회가 지역사회를 선도하고 영향력을 나타낼 수 있는 부분을 적극적으로 찾아 나서기 시작한 것이다. 그래서 본 교회의 성도들뿐만 아니라 지역 교회가 함께 성장할 수 있는 면모들을 세워주는 역할까지 하게 된 것이다. 이런 점에서 바울센터의 건립은 대 사회적 인프라를 구축하고 제공하여 바울교회뿐만 아니라 지역 교회 전체에 대한 이미지를 새롭게 구축해 주는 보다 적극적인 차원의 일이 되었다. 결혼식장, 체육관, 도서관 및 각종 공연시설 등을 갖추고 있는 바울센터를 오픈하며 지역 교회가 함께 사용할 수 있도록 하고, 지역의 교육기관들 뿐 아니라 여러 공공단체와 주민들이 사용할 수 있도록 함으로써 시민들의 접근성을 용이하게 해 교회에 대한 새로운 이미지를 만들어 줌으로 지역 선교에도 도움을 줄 수 있게 되었다. 이런 이미지는 바울교회를 넘어 기독교 신앙과 교회에 대한 폭넓은 이미지 형성에 기여한 바도 크다고 하겠다.

또한 바울교회는 선교 지향적 교회로 이미 널리 알려져 있다. 300선교사 300지교회가 바울교회의 선교 목표였다. 2010년 이전 바울교회는 30개국 이상의 나라에 70명의 선교사를 파송하였으며 매년 3-4명의 선교사를 파송하고 있었다. 해외 지교회를 계속 세워 약 40여 개에 달했다. 그런데 2012년에 아주 특별한 행사가 있었다. 교회 설립 30주년을 맞이하여 30개국에 30가정 선교사를 새롭게 파송함으로 선교사 100명 파송을 이룩하게 된 것이다. 당시 행사는 교단 선교부에서 당해에 파송하는 모든 선교사를 바울교회에서 파송함으로써 교단적으로도 놀라운 시너지 효과를 불러일으켰을 뿐 아니라 교계적으로 개교회가 어떤 부분까지 선교적 사명을 이룰 수 있는지를 보여주는 좋은 예를 만들어 주었다.

하지만 바울교회와 원팔연 목사의 목회에 있어 가장 두드러진

점은 무엇보다 모범적인 리더십 이양이라고 할 것이다. 사실 바울교회에서 원팔연 목사님을 모실 때 그분의 은퇴는 어떤 모습일까를 생각해 본 적이 있다. 이런 상상을 해볼 수밖에 없었던 것은 당시 대형교회라 할 수 있는 여러 교회에서 리더십 이양이 있었기 때문이다. 대표적으로 사랑의교회가 주목을 받고 있었다. 뿐만 아니라 여타의 교회들이 리더십을 이양할 준비를 하고 있었기에 자연스럽게 관심을 가질 수밖에 없었다. 한국교회를 선도하고 세상의 빛과 소금의 역할을 감당하는 면에서 대형교회를 이룬 목회자들이 교계 내외적으로 모범이 될 만한 은퇴 모습을 보여주기를 바라고 있었기 때문이기도 하다. 한국에 있는 목회자들 중 아무런 사심 없이 자리를 넘겨줄 만한 분이 있다면 아마도 원팔연 목사님이실 거라는 생각을 하곤 했었다.

미국 생활 3년을 마치고 돌아오니 원팔연 목사님의 은퇴도 그만큼 가까워졌다. 예상대로 전혀 교류가 있었던 것도 아닌 전혀 예상치 못한 인물이 후임자로 부임을 받게 되었다. 용인 비전교회 담임을 맡고 있던 신용수 목사의 등장은 바울교회 후임에 대해 관심을 가지고 있던 모든 사람에게 전혀 예상치 않은 결과였다. 그리고 교회가 결정한 대로 모든 은퇴 예우를 받아들였다. 뿐만 아니라 원 목사님은 은퇴하면서 거주지를 전주가 아닌 서울로 확정하고 바로 이사하였다. 한 달에 한 번 주일예배 강단에서 설교하는 것을 제외하고는 서울에서 생활하며 교회를 온전히 후임자에게 맡긴 것이다. 이런 리더십의 이양은 이전에도 없었고 이후에도 없을 만한 깨끗하고도 모범적인 모습이다. 평소 원팔연 목사님은 사람은 만날 때도 중요하지만 헤어질 때가 더 중요하다고 강조하셨다. 자신의 말처럼 헤어질 때 이렇게까지 할 수 있을까 할 정도로 아름다운 은퇴를 함으로써 한국교회의 모범이 되었다.

이런 아름다운 은퇴를 통해 그는 한국교회에 잊을 수 없는 목회자상을 안겨주었다. 훗날 그의 이런 겸손과 아름다움은 영원히 기억되고 평가될 것이다. 그는 부지런히 달려온 열정의 목회자였다. 물러설 때도 거침없이 물러섬으로 한국교회에 아름다운 교훈을 남겨줬다. 그래서 영원히 기억될 목회자가 되었다. 목회를 마치는 순간에 수많은 잡음과 비난이 쇄도하는 일이 비일비재 하는 작금의 한국교회에 감사와 감격을 안겨주었다. 그의 마지막이 다시 기억되고 평가되기를 바라는 마음이다.

글을 마치며

원팔연 목사님의 목회를 가까이서 배울 수 있는 기회가 10여 년 주어졌다는 것은 필자에게 너무나 감사한 일이 아닐 수 없다. 필자는 바울교회에서 사역했던 2001년에서 2010년, 그리고 유학 기간이었지만 바울교회 유학목사로서의 3년과 미국에서 돌아온 1년, 그러니까 2001년에서 2014년까지 이루어진 약 15년간의 이야기를 본서에 담았다. 물론 초기 바울교회의 형성 과정 또한 그 어떤 교회와는 다른 양상과 역동성이 있었다. 그리고 2010년 이후 더 놀라운 부흥과 발전도 있었다. 하지만 2001년에서 2010년은 바울교회가 대형교회로 나아가는 중대한 길목이었고 괄목할 만한 성장이 이루어진 시기였다.

이 10여 년의 사역 동안 쉼 없이 달려왔고 수많은 일들을 해냈다. 원 목사님의 탁월한 목회적 통찰력과 지도력에 젊은 피를 수혈하여 목회를 더욱 박진감 있게 만들었다. 수많은 프로그램들을 개발하여 실행하였고 바울교회의 위상을 만들고 또한 패러다임의 변화를 이끌었다. 기획실장의 자리는 일반 부교역자 사역과는 다른 점이 많았다. 담임목사님의 목회 철학을 공유하고 그 목회 철학을 재해석해 내며 목회 방침에 따른 수많은 기획과 결과물을 만들어 내야 했다. 과거를 돌아보며 교훈으로 만들고 미래는 소망으로 만들어 내는 작업을 해야 했기에 창조적이고 흥미진진한 참모적 사역이었다. 가까이서 이런 의미 있는 일들을 하면서 오랜 기간 모실 수 있었던 것은 그분에 대한 신뢰가 철저했기 때문이기도 하지만 그분 스스로가 보여준 리더십에 매료되고 감동했기 때문이다.

이 10여 년의 기간 동안 있었던 원팔연 목사의 목회와 바울교회 부흥의 역동성을 살펴보며 각각의 목회자나 성도들이 자신의 교회에도 적용할 수 있는 여러 요소들을 찾아낼 수 있기를 바라는 마음이다. 또한 한국교회가 그 발전 모델과 원동력을 발견할 수 있기를 바라는 마음뿐이다. "세계는

바울교회의 교구이다."라는 대 선언 아래 쉼 없이 달려 온 바울교회는 이제 천년을 내다보는 위대한 교회로 성장할 것이라 확신하는 바이

다. 그 위대함의 주인은 하나님 우리 아버지이시다. 그리고 그 위대함 앞에 서 있던 원팔연 목사와 바울교회를 나는 보았다. 그리고 그 교회가 위대한 역사를 계속 만들어 가기를 바라고 또 바랄 뿐이다.

부록

사람을 격려하고
세우기를 잘하는 리더

오서택 목사(1993~1996년, 2000~2004년 부목 시무)

교육심리학에서는 어떤 대상에 대한 누군가의 믿음과 기대, 또는 예측이 실제적으로 일어나는 경향을 두고서 피그말리온 효과(pygmalion effect)라 말을 합니다. 어떤 대상을 향하여 누군가 긍정적인 믿음과 기대를 아끼지 않고 격려를 할 때, 그것을 받는 대상이 실제로 그 기대하는 방향으로 잠재력을 발휘하는 현상이라고 말할 수 있습니다. 소속된 팀원을 향하여 그런 믿음과 기대를 가지고 계속해서 격려와 칭찬을 아끼지 않는 리더를 만나는 것은 참으로 복된 일일 것입니다. 원팔연 목사님은 나의 신앙 여정에서 바로 그런 좋은 멘토 또는 리더로 만나게 된, 몇 안 되는 분 가운데 한 분입니다. 원칙에 대해서는 단호하면서도, 아랫사람을 늘 격려할 줄 알고, 세워주는 분입니다.

나는 개인적으로 1993년 9월에 바울교회의 전신이었던 동전주교회에 청년 사역, 주일학교 사역, 그리고 찬양 사역을 위한 사역자로 부임을 한 이후, 한 교회에 적을 두며 네팔과 우간다 선교사로 파송을 받아 사역을 했습니다. 미국으로 떠나오던 2008년까지 계산해 보면, 15년 이상을 바울교회와 함께해 왔고, 원 목사님과의 귀한 믿음의 인연을 맺어온 셈입니다. 사역자로 부임하여 리더십으로부터 신뢰와 기대를 받으며 사역한다는 것은 참으로 행복한 일이라고 생각합니다. 전도사로 부임해서 사역을 시작했지만, 원 목사님께서는 사역에 불편함이 없도록 섬세하게 배려해 주시고, 그 자리에 맞는 권위를 세워주셨던 것을 회고해 보며 감사의 마음이 듭니다. 당시 신학교가 있었던 부천에서 멀리 전주까지 왕래하면서도 기쁨으로 사역을 할 수 있었던 것은 든든한 버팀목처럼 서서 아낌없이 성원해 주시고 지지해 주신 목사님의 격려가 한 몫을 했기 때문임을 부인할 수 없습니다.

네팔의 선교 사역을 마치고 돌아와 젊은이들과 함께하는 열린예배에 찬양을 인도하고 있는데, 찬양이 끝나고 강단에 올라 설교를 마치신 목사님께서 말씀하셨습니다. "오 목사님! 오늘 100만원을 줄 테니 열린예배 찬양팀과 여기에 온 모든 젊은이들에게 짜장면 한 그릇씩 사주세요!" 이 말이 떨어지자 젊은이들이 환호를 하며 박수를 치고 한바탕 웃음바다가 되었던 기억이 있습니다. 세상 말로는 '기마이'라고 말할 수도 있겠지만, 원 목사님은 늘 그렇게 사람들의 기를 살려줄 줄 아는 분이었습니다. 추운 겨울, 따뜻한 화롯불 가까이에 사람들이 모이듯이 늘 따뜻한 마음으로 위로하고 격려하시는 목사님 주변에는 항상 사람들이 모이는 것을 보았습니다. 주변에 지나치게 권위를 내세우며 다른 사람들의 피를 말리는 소위 '피말리는 지도자'가 아니라, 사람들을 신뢰하고 기대하면서 격려를 쏟으시는 '피그말리온 지도자'이셨던 목사님을 생각하면서, 이민 목회의 현장에서 그런 리더십을 꿈꿔봅니다.

이제는 은퇴하셔서 평범한 할아버지로 돌아가 아들과 며느리, 손주들과 함께 행복한 시간들을 보내고 계실 목사님! 사모님과 더불어 건강하시고, 남은 삶의 여정에도 주님께서 주시는 은혜와 평강이 가득하시기를 기원합니다.

존경하고 사랑하는
원팔연 목사님을 생각하며

문민석 목사 (1997~2003년. 부목 시무)

목회의 승리는 '하나님의 마음을 얻는 것'입니다. 다윗 왕이 여러 가지 흠이 있지만 그래도 성공한 왕으로 평가를 받는 이유는 위대한 업적 때문만이 아니라 '하나님의 마음을 얻은 왕'(행 13:2) 이었기 때문입니다. 원팔연 목사님은 어떤 목사님일까? 저는 '하나님의 마음을 얻은 분'이라고 생각합니다. 저는 6년 동안 목사님을 가까이 모셨습니다. 바울교회가 샌드위치 패널 건물에서 벗어나 아름다운 돔형 교회를 건축하려고 준비하던 시기에 부임했습니다. 바울교회가 역동적으로 변화하던 시기에 목사님을 모시고 바울교회를 섬겼습니다. 제가 생각하는 목사님은 '하나님의 마음을 얻기 위해 모든 것을 내려놓으신 분'입니다. 오늘의 바울교회로 성장하게 된 가장 큰 힘이 바로 이 순수한 열정이라고 생각합니다. IMF가 시작된 1997년 12월 어느 주일, 목사님은 강단에서 이런 선포를 하셨습니다. 그 선포는 오랫동안 고심하고 고민하셨던 결과라는 것을 느낄 수가 있었습니다. 당시 성전 건축에 대한 의견이 당회에서 거론되었고, 찬성과 반대가 엇갈리는 가운데 교회의 스텝들조차 성전 건축에 대해 회의적이었던 상황이었습니다. 이런 의견이 활발하게 개진(開陳)되고 있었지만 목사님은 주일 설교 시간에 의미심장한 말씀을 하셨습니다. "이제 새 성전을 건축하겠습니다. 더 이상 건축에 대한 이견들을 말씀하지 마시기 바랍니다. 교회를 건축합니다. 혹시 경제적인 어려움이나 문제가 생기면 제가 책임을 지겠습니다. 감옥에 가는 상황이 되면 제가 책임을 지고 가겠습니다." 그 말씀을 하실 때의 분위기는 숙연하고, 장엄했고, 결연했습니다.

당시는 IMF(금융 위기)가 시작되었던 때입니다. 여기저기 말들이 많았습니다. "이렇게 경기가 어려운데, 금융 위기인데, 건축 경기가 죽었는데……." 그럼에도 건축을 위한 일이 진행되었습니다. 바울교회가 참 좋은 교회인 것은 목사님이 결정을 하시면 장로님들과 모든 성도들이 일치단결하여 그 일에 집중하기 때문입니다. 그때부터 교회 건축을 위한 기도가 시작되었습니다. 24시간 릴레이기도, 12시 정오기도, 밤 0시 자정기도, 120문도 기도회 등, 온 성도들이 기도하는 일에 집중하였습니다.

그렇게 시작된 교회 건축은 전화위복이랄까, 많은 우려와는 상관이 없이 아주 순조롭게 진행되었습니다. 그리고 원 목사님은 당시 50평 아파트에 살고 계셨는데 그 집을 팔아 헌금으로 드리고, 교회 안에 있는 작은 사무실 건물로 이사를 들어오셨습니다. 스스로 불편한 생활로 헌신하셨습니다. 하나님께 최선을 다하는 순수함이 원 목사님이 가진 가장 큰 능력이라고 생각합니다. 교회 건축 후 부흥회를 본격적으로 다니시기 시작하셨습니다. 부흥회를 다녀오시면 사례비 전부를 교회에 헌금하셨습니다. 장로님들의 만류에도 아랑곳하지 않고 깨끗이 모두 드렸습니다. 부흥회를 마치고 돌아오시면 그날 새벽예배를 꼭 인도하십니다. 혹 급하게 출타하실 일이 있으시면 새벽예배를 마치고 부목사를 대동하여 돌아봐야 할 가정과 병원 등을 심방하시고 출장을 가셨습니다. 용광로처럼 타오르고, 식지 않는 열정으로 헌신하셨습니다. 하나님 앞에 순수한 열정이 오늘의 바울교회를 이루게 했습니다.

푸른 초장과 같은
그 넓음이 그립습니다.

구자엽 목사 (2004-2005년 부목 시무)

시편 23편을 보면 "여호와는 나의 목자시니 내게 부족함이 없으리로다 그가 나를 푸른 초장에 누이시며 쉴만한 물가로 인도하시는도다."라는 다윗의 고백이 나옵니다. 개인적으로 이런 목회를 하고 싶은 소망과 기도가 있습니다. 푸른 초장이 되어 성도들이 마음껏 먹고 쉬고 안식할 수 있는 목회를 하고 싶은 꿈이 있습니다. 그런 것은 도대체 어떤 것일까요?

막연한 기대와 소망을 가지고 기도하고 있던 나에게 원 목사님과의 만남은 하나님의 놀라운 은혜였습니다. 당시 그분에 대하여 아무것도 모르고 사역지를 찾던 중 바울교회를 찾아가 만난 것이 처음이었습니다. 무엇을 보셨는지 아무것도 확인하지 않고 나를 오라고 하셔서, 의아해하면서 바울교회로 부임하여 사역을 하게 되었습니다. 그때 원 목사님 옆에서 사역을 하며 푸른 초장의 목회를 실제 눈으로 볼 수 있었고, 마음으로 느낄 수 있었습니다. "아! 이것이 바로 푸른 초장 목회이구나!"

원 목사님은 많은 성도들을 마음껏 뛰어 다닐 수 있도록, 편안히 눕고 쉴 수 있도록 하셨습니다. 그만큼 넓고 크십니다. 그 믿음이 크고, 그 사랑이 크고, 그 비전이 크고, 그 기도가 크십니다. 그분 안에서는 누구든지(기존에 있던 사람이든지, 새로 온 사람이든지) 마음껏 일을 할 수 있습니다. 그렇게 일하도록 목사님께서 이끄십니다. 옆에서 보면서 참 놀랍고 신기하기 그지없었습니다. 그 이유가 무엇일지 옆에서 그것을 알기 위해 그분을 자세히 관찰하고 생각을 많이 했고, 그 답을 얻었습니다. 그 답은 바로 그분 안에 있었습니다. 그분 안에 있는 하나님에 대한 뜨거운 믿음과 사랑, 하나님에 대한 비전이 바로 그것입니다. 그 믿음과 사랑, 그 비전이 하나의 시너지 효과를 내면서 긍정, 초긍정적인 사고방식을 만들어 냈습니다. 원 목사님은 참 긍정적이십니다. 아니 긍정을 넘어 초긍정적이십니다. 그 안에 부정적인 면이 하나도 없으십니다. 함께하는 사람들에게도 긍정을 강조합니다. 탓하지 말라 하시고, 부정적인 생각을 하지 말라 하십니다. 그분의 설교에서도 긍정적인 면은 참 많이 강조됩니다. 그 긍정은 바로 그분 안에 있는 하나님을 향한 누구보다 더 뜨거운 사랑과 믿음에서 나오는 것 같습니다. 그 사랑과 그 믿음이 얼마나 크고 높은지, 그분의 마음과 그분의 사역 속에 그대로 나타나게 되는 것입니다.

그래서 누구라도 그 안에서 열심히 뛰어 다니고 쉬고 먹고 마실 수 있습니다. 누구라도 믿어주고, 누구라도 감싸주시는 푸른 초장 그 자체인 것입니다. 나도 그 안에서 열심히 눕고 뛰고 먹고 마셨습니다. 나뿐만 아니라 많은 동료 목회자들이 있고, 더 많은 성도들이 있었습니다. 지금 이 시간 그분이 왠지 모르게 그립습니다.

2005년 총동원 전도주일 기본 계획안
"새생명축제 Happy Together 1023"

본 자료는 2005년도 새생명축제의 기획안입니다. 이 기획을 통해 바울교회는 패러다
임의 변화를 시도하며 대형교회로의 성장 원동력을 갖추기 시작합니다. 본 문서를 통
해 교회의 변화에 관한 통찰력을 가질 수 있기를 바랍니다.

A. 행사를 위한 뉴리더로서의 패러다임 구축

1) 바울교회의 위치

지난 20여 년 동안 꿈처럼 보였던 바울교회의 '전북 제일의 교
회'라는 목표가 이제 현실로 다가왔다. 그래서 바울교회 앞에 놓
인 과제는 적지 않은 게 사실이다. 이제까지는 대형교회를 따라
가는 추종자로도 충분했지만 앞으로는 여러 교회를 선도해 나갈
위치가 되었고 책임과 의무가 주어졌다. 이른바 리더의 고민이
시작되었다. 선두에 선 다음에는 다른 교회를 리드해야 하는데,

1등 교회가 되었지만 아직 1등 교회로서 어떻게 이들을 리드하고 이끌어야 할지에 대한 논의가 우리 안에서 아직 이루어지지 않았기 때문이다. 그러므로 지금부터 성도들을 지역사회의 리더로 양성할 뿐 아니라 교회가 지역 교회를 이끌어 주고 또한 힘이 되어주는 그런 교회의 모델을 만들어 내야 한다. 지역사회를 향한 교회의 존재 목적을 분명히 함으로 전주와 전북을 향한 패러다임의 변화를 이루어야 한다.

바울교회의 딜레마는 여기에 있다. 지금까지는 달려가기만 하면 되었지만 이제는 이끌고 가야 한다. 이끌고 가는 것에 대한 경험이 없기에 이는 창조적인 작업이 되어야 한다. 그 창조적인 작업을 위해서는 무엇이 필요한지를 고민하고 그 해답을 찾아내야 한다. 목회적으로 교인을 리더하면서도 사회적으로는 다른 교회들을 이끌 수 있는 진정한 패러다임의 변화가 이루어져야 한다.

2) 존경받는 교회로의 전환

뉴리더로서의 패러다임의 새 선언으로 바울교회는 '존경받는 교회'라는 새로운 패러다임을 설정해야 한다. 존경이란 교인을 넘어 신앙인, 신앙인을 넘어 전주시민, 전주시민을 넘어 전북과 대한민국, 그리고 세계인들의 존경까지 포함할 수 있어야 한다. 이를 위해,

(1) 패러다임의 변화

(2) 조직의 변화

(3) 인재의 양성

(4) 성장을 위한 준비와 실천

(5) 브랜드 가치에 대한 평가와 도전을 이루어야 한다.

이러한 점에서 지금까지 이어왔던 총동원 전도주일에 대한 개념 접근을 달리해야 한다. 행사를 하되 이 행사를 통해 향후 발전 방향에 대한 교회의 내적 파워를 만들어 내는 방향으로 전환시켜야 한다. 이를 통해 바울교회에 대한 전주시민들의 시각을 바꿀 수 있어야 할 뿐 아니라 전주시민을 향한 바울교인들의 자부심과 긍지를 만들어 내야 한다.

3) 변화하려고 하는 자세

패러다임의 변화란 이제 양적 수준에서 질적 수준으로의 수용성을 가져야 한다. 다시 말해 질적 성장이 양적 성장을 이루게 할 만큼 양적인 에너지는 충전 되었으므로 이를 사용하여 새로운 변화를 이끌어야 한다는 사고의 변화가 필요하다. 어느 정도 양적 성장을 이룬 상태라면 이미 그 조직은 성장력을 가진 상태이다. 따라서 양질의 영양분을 공급하면 그 성장의 속도는 기하급수적으로 이루어진다. 즉 폭발력이 생길 뿐 아니라 그 힘의 전이

도가 상승하여 고속 질주가 가능하다. 이를 위해서는 변화를 두려워해서는 안 되며 무엇보다 차세대 체제에 대한 준비가 이루어져야 한다. 그렇다면 준비는 무엇인가?

혁명과 변화가 어떻게 다른가를 먼저 살펴야 한다. 혁명은 'revolution'이다. 그러나 변화는 'evolution'이다. 모든 것을 바꾸어 내는 것이 혁명이다. 혁명은 수동적인 의미이다. 어떤 힘에 의해 외부적으로 변화를 갖는 것이다. 그러나 변화는 능동적인 의미이다. 자신의 상황을 점검하고 스스로 발전을 위해 목표를 설정한 후 내일을 향해 자신을 정비해 나아가는 점진적이고 실천적인 변화이다. 혁명에서 발전은 객체이지만 변화에서의 발전은 주체이다. 이런 점에서 우리는 지향점을 찾고 여기에 맞추어 변화해야 한다. 'R'자가 하나 더 있고 없는 것은 사실 큰 차이가 없으나 그 내용은 커다란 차이가 있음을 알 수 있다. 따라서 변화 자체는 아무것도 아닌 것 같지만 그 내용을 살피면 결코 작은 일이 아니며 변화가 시작되는 그 시점부터 파워가 동반된다. 그리고 그 힘은 파괴적인 힘이 아닌 세움의 힘이 된다. 따라서 우리에게 변화하려는 자세가 있을 때 우리는 발전하고 부흥하게 된다. 여기서 변화하려고 하는 욕구가 바로 준비이다.

4) 브랜드 가치에 대한 인식

무엇보다도 바울교회라고 하는 브랜드 가치를 높여야 한다. 브랜드 가치를 높이는 일은 대 사회적 사역에 기반을 둘 수밖에 없다. 교인뿐 아니라 외부 성도를 위한 투자와 비신앙인들을 위한 투자가 함께 이루어져야 얻을 수 있다. 그리고 단기적인 결과보다는 장기적인 결과를 기대하고 준비해야 한다. 그 준비가 충분히 이루어질 때 성장은 급속도로 파급된다. 그리고 유능한 경영이 이루어져야 한다. 바울교회에서의 경영은 구역 조직이다. 구역 조직의 성공적 운영이 뒷받침되지 않으면 발전은 없다. 교육부서는 인재 양성에 힘써야 한다. 그러나 인재는 교역자 인재와 교인 인재로 구분하여야 한다. 우수한 교역자 인력에서 좋은 인재를 창출해 낼 수 있다. 이러한 전체적인 준비 체계를 통해 내일을 향한 전략이 수립되어야 한다.

성장은 먼저 사역의 기회를 포착해서 우위를 확보하는 것을 말한다. 미래의 사역 환경의 변화와 우리가 갖고 있는 경쟁력을 철저히 분석해서 다른 교회보다 먼저 기회를 선점하면 그것이 곧 경쟁우위가 된다. 반면에 기회를 잃어버리면 타 교회가 선점할 것이고 이렇게 되면 단순히 놓친 기회보다 훨씬 큰 타격이 되어 돌아온다.

5) 전주시 교회의 주요 흐름

현재 사랑의교회는 창립 2년 만에 급격히 성장하고 있다. 가르치는 교회, 평신도를 세우는 교회 등의 표제를 통해 예배의 감격이 살아 있는 교회, 가정을 변화시키는 교회, 평신도를 동역자로 세우는 교회, 끊임없이 갱신되는 교회로서의 목표점을 갖고 있다. 적극적인 변화를 통해 교인들을 양육하는 데 직접 투자함으로써 브랜드 가치가 높아졌다. 외부 교인들 스스로가 교회에 등록하고 있다. 창립 2년 만에 200여 명의 성도가 모이게 되었다.

동신교회는 작은 교회였다. 그러나 약 5년 정도 꾸준히 양육과 성경공부 프로그램을 실시해 온 것으로 안다. 그리고 성도들의 봉사활동을 강화하였다. 최근 급격한 상승을 불러오고 있다. 최근 2년 동안 2배 이상 성장했다.

완산교회는 새로운 담임목사의 등장과 함께 패러다임의 변화를 꾀하고 있다. 모이는 교회에서 나누는 교회로의 전환이다. 대사회적 관심을 갖고 봉사와 섬김에 힘쓰면서 교회의 체질을 변화시키고 브랜드 가치를 높이면서 새로운 도약을 준비하고 있다.

서문교회는 과거의 혼란을 극복하고 있다. 먼저 내부적 화합을 위한 힘을 단결하고 있다. 곧 외부적 활동을 할 것으로 예상된다.

영생교회는 전주의 급부상하는 교회 중 하나로 주목받고 있다.

6) 바울교회의 지향점

그렇다면 현 바울교회의 위치는 어떠한가? 바울교회의 브랜드 가치는 무엇인가? 담임목사님의 강력한 설교, 이에 바탕을 둔 역동적인 예배, 풍성한 찬양, 많은 기도회 시간, 선교 지향적 목양 등이라고 할 수 있다. 그러나 이 시점이 대 사회적으로 오픈된 교회로서의 면모를 갖추어야 하는 때가 된 것이 아닌가 싶다. 이를 위해 전주시의 믿는 성도를 위한 차원과 믿지 않는 사람들을 위한 차원으로 구분하고 홍보 및 프로그램 개발 전략을 수립하여 체계적으로 접근해야 한다. 전주의 최상위의 교회로서의 다양한 신앙 세미나와 프로그램 등을 공급해야 한다. 전주에서 흔히 접할 수 없는 전문 강사들을 초청하여 서비스를 제공해야 한다. 뿐만 아니라 일반 사회단체에서도 다루기 힘든 각종 문화적 이슈들을 적극적으로 교회가 문을 열어 수용해야 한다. 일반 시민들이 필요로 하는 여러 사회, 문화적 프로그램을 공급할 수 있어야 한다. 또한 바울교회의 각종 하드웨어와 소프트웨어를 동원하여 이러한 행사들을 기획하고 실행하면서 최상의 서비스를 제공하는 것이 필요하다. 이런 필요들에 대해 능동적으로 접근해 갈 때 바울교회의 브랜드는 전주시민들의 머릿속에 각인되고 좋은 교회, 존경받는 교회로서의 자리를 확고히 굳힐 수 있게 된다.

7) 전도행사의 기본 개요

이와 같은 전제를 기본으로 하반기 전도행사를 구상하였다. 이번 전도행사는 이전에 치렀던 전도행사와 다른 개념으로 접근한다. 이전 총동원 전도주일은 전도주일 당일을 목표점으로 설정하고 성도를 통해 태신자를 품게 하고 편지를 보내는 수동적인 면이 있었다고 하겠다. 목표 지점이 총동원 주일이라는 한 가지 목표와 행사 당일 초청 인원이 얼마가 되느냐가 행사 성패의 관건이었다.

그러나 이번 전도행사는 총동원 전도주일이라는 개념을 확장하여 하반기 교회의 축제로 구성한다. 그리고 기타 교회의 모든 행사를 여기에 접목시켜 목적성을 유지하고 또한 다채로운 프로그램을 준비하여 성도들에게 서비스함으로써 행사 당일 뿐 아니라 행사가 진행되는 기간 동안 성도들이 활발하게 교회에 참여하고 역동이 일어날수록 조성한다. 그리고 각 프로그램은 교회의 수평적 이동과 수직적 이동을 고려하여 준비하고 교회 내부와 외부인을 구분하여 교회의 접근 용이성을 높이도록 준비한다.

따라서 이번 행사는 총동원 전도주일 당일을 향한 단방향적 접근이 아니라 여러 행사들을 통해 성도들이 태신자를 교회로 용이하게 인도할 수 있도록 행사들을 다각적으로 편성한다. 따라서 연령별, 성별 혹은 교외 내 외부적, 수평 이동적, 수직 이동적 상호 교차성과 다차원적 행사로 구성되어야 한다. 그러므로 행사 당일의 결과 뿐 아니라 행사를 향해 가는 동안 각 프로그램을 운영하면서 만들어질 교인들 간의 상호작용은 향후 교회의 부흥을 위한 힘으로 축적될 수 있을 것이다.

금번 행사의 주안점은 외부인이 담임목사님의 설교를 접할 수 있는 기회를 만드는 것이다. 따라서 모든 집회를 공개한다. 지금까지 교회 내부를 대상으로 했던 부흥회의 틀을 깨고 외부에 집회를 개방해야 한다. 부흥성회라기보다는 '전주시민을 위한 가을 신앙 세미나' 등과 같은 프로그램 개발이 필요하다. 7-10일 정도의 연속 집회를 통해 대형교회의 목사님들의 연속 신앙 세미나 형식으로 집회를 구성하고 여기에 담임목사님의 설교를 클라이맥스에 배치하고 외부인들의 담임목사님 메시지 접근을 용이하게 해야 한다. 부흥회는 교회 내부의 교육과 훈련을 위한 프로그램으로, 신앙 세미나는 교회 외부의 성도들에게 최상의 서비스를 하는 프로그램으로 개발해야 한다.

따라서 금번 전도행사는 이러한 점들을 기초로 다음과 같이 구성한다.

B. 전도행사에 관한 기본 안

1) 행사명: "2005 새생명축제 해피 투게더 1023"

[행사명의 의미] 현대인들에게 있어서 행복은 누구나 관심을 갖는 문제이다. 그리고 행복에 초점을 맞추면 가정에 주안점을 두고 접근할 수 있다. 가정의 문제는 교회 내부와 외부인 모두의 관심사고 요청 사항이다. 따라서 금번 행사는 행복이 과연 무엇인

가라는 기본 물음과 함께 성도로서의 행복을 다시 한 번 인식시키고자 하는 시도이다. 또한 교회 외부인들에게도 행복이 무엇인지? 그리고 가정이 무엇인지? 그래서 어떻게 행복한 삶을 살아갈 수 있는지 접근하여 복음을 제시하고 그리스도인으로서의 삶이 가져다주는 참된 행복과 가정으로의 초대를 이루어 가고자 하는 뜻이다. 해피 투게더는 우리 모두 행복하자는 의미이며 1023은 행사 당일인 10월 23일을 나타내는 말이다.

2) 기간

2005년 7월 17일부터 10월 23일까지

3) 선포

2005년 7월 10일: 행사 발표

2005년 7월 17일: 행사 선포식

개사곡, 표어 짓기, 오행시 짓기, 영상물 제작

4) 준비도

자료 준비: 6월 27일~7월 3일

계획 수립: 7월 3~8일(부목사 기획회의)

계획 수정: 7월 8~9일(교역자 전체 토론)

　　　　　7월 10~15일(기본 계획 수정 및 완료)

• 계획 발표: 7월 17일 주일(전교인 대상으로)

5) 행사의 원리

금번 행사는 교회의 수직적 이동(불신자)과 수평적 이동(성도간 이동)을 중심으로, 그리고 교회 내부 요인(바울 성도를 향한 프로그램)과 외부 요인(전주시민을 향한 프로그램)을 복합적으로 이해하고 다차원적인 접근을 이루어 각 연령별 혹은 성별 행사를 구성한다. 따라서 태신자로 등록된 사람이 행사 당일 이전에 이미 교회를 방문할 기회를 만들어 성도들의 교제 안에서 행복이 무엇인가 묻게 하고 그리스도인의 행복을 볼 수 있도록 한다. 이를 위해 먼저 우리 교인이 행복이 무엇인지 접근하게 한다. 그러므로 모든 프로그램의 초점은 행복에 맞추어 구성한다.

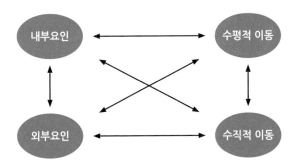

6) 주요 프로그램

- 전교인을 대상으로 한다.

- 연령별 프로그램을 준비한다.

- 기관별 프로그램을 준비한다.

- 성별 프로그램을 준비한다.

- 태신자 선정과 발표를 또 다른 축으로 준비한다.

- 기타 프로그램

- 후속 프로그램 조성

(1) 전교인을 대상으로 한 프로그램

a. 특별 새벽 기도회

b. 릴레이 기도회 전도 세미나

c. 신앙 세미나

d. 전교인 체육대회

e. 열린 음악회

f. 봉사활동 초청의 날

g. 영화 감상의 날

h. 이웃 초청 바자회

i. 추수감사 축제 – 이웃 초청 잔치, 경로 잔치, 나눔과 섬김
   잔치

(2) 연령별 프로그램

a. 찬양 축제

b. 청소년 신앙 강좌

c. 학부모 초청 자녀 교육 세미나

d. 부모님과 함께 드리는 예배

e. 결혼 예비 학교

f. 각 연령을 위한 추억의 음악회

(3) 기관별 프로그램

a. 친구(연령별) 초청 야외 예배

b. 가족 초청 야외 예배

c. 가족과 함께하는 열린 음악회

d. 봉사활동 초청의 날

(4) 성별 프로그램

a. 가정 세미나(아빠에 대하여, 아버지에 대하여)

b. 가정 세미나(엄마에 대하여, 어머니에 대하여)

c. 자녀와 부모의 관계성 회복을 위한 세미나

d. 부부 세미나

7월 17일: 새생명축제 광고 및 시작

7월 24일: 태신자 등록 카드 작성

7월 31일: 제1차 태신자 등록 카드 제출

8월 7일: 제2차 태신자 등록 카드 제출

8월 14일: 제3차 태신자 등록 카드 제출(이후 계속 태신자 등록 카
       드 제출)

9월 25일: 태신자에게 초대권 전달(제1차)

10월 2일: 태신자에게 초대권 전달(제2차)

10월 9일: 태신자들을 구역으로 초청(제1차)

10월 16일: 태신자들을 구역으로 초청(제2차)

10월 23일: 새생명축제, 태신자 초청의 날

※ 비고: 태신자 등록 카드를 받고 통계를 내서 교회 전면에 기재한다. 그리고
   100명 단위 혹은 1,000명 단위로 상승될 때 축하하고 격려하며 분위기를 조
   성한다.

(6) 기타 프로그램

a. 지역사회 봉사 프로그램을 개발하여 교우들이 참여하게 한다.

b. 지역사회의 청소년을 대상으로 하는 프로그램을 개발하여
   참여하게 한다.

   - 지역 초, 중등학교의 결식 학생에 대한 급식 지원 사업 추진: 기금 조
     성을 위한 방안 강구

– 지역 독거노인들의 식사 실태 파악 후 반찬 전달 사업 추진: 기금 조성
을 위한 방안 강구
– 봉사대 발대식: 봉사활동에 친구나 가족 초청 프로그램 개발

c. 각종 세미나
d. 서부 신시가지에 대한 구체적인 전도 전략

(7) 후속 프로그램 개발

a. 등록자들의 사후 관리를 위한 체계적 접근 프로그램 개발

b. 2006년 전도행사를 위한 프로그램 준비

c. 연속 프로그램에 대한 평가 및 준비

7) 행사 주안점
(1) 모든 프로그램은 전도의 목적을 향하여 진행한다.
(2) 단방향적 프로그램이 아닌 복수 지원적, 상호 교차적 프로
그램을 준비한다.
(3) 교구별 운영 가능 프로그램을 준비하여 상호 협력한다.
(4) 교회학교 프로그램도 함께 포함하여 진행한다.

8) 구체적인 목표 제시
2,000명 초청 500명 결신 잔치

C. 주요 행사에 관한 계획

1) 월별 테마 행사
- 7월 준비의 달
- 8월 선포의 달
- 9월 양육의 달
- 10월 나눔의 달
- 11월 축제의 달

(1) 7월 준비의 달(환경 조성)

선포식, 저금통 배포, 플래카드와 스티커 제작, 구호 제작, 노래 제작 등 준비 작업 기간이다. 특히 저금통 배포 행사는 새생명을 위한 기도 프로그램으로, 모든 가족이 매일 100원씩 저금통에 넣고 새생명을 위해 기도로 참여하는 것이다. 태신자를 선정하는 작업에서 뿐 아니라 모든 과정을 이끌어 주시라는 마음으로, 새생명을 담는다는 의미의 100원씩을 저금통에 넣고 기도하는 시간을 갖는다. 모든 가족이 각자 100원씩 헌금한다. 그래서 이것을 행사 전 주일에 교회에 반납하고 이 모인 헌금을 효정중학교와 완산서초등학교의 결식 학생들에게 급식비로 지급한다. 기도로 쌓인 헌금을 통해 점심을 공급받는 아이들은 분명히 하나님의 자녀로 자랄 수 있을 것이다. 이는 성도의 자발적인 참여를 유도하며 기도하는 행사임을 알리기 위함이다.

(2) 8월 선포의 달

전주시를 대상으로 교회가 시민을 위한 교회로서의 마음을 전하는 작업을 한다. 교회가 쉽게 서비스할 수 있는 부분을 제공하여 가까이 있는 교회, 쉼이 있는 교회, 시원함이 있는 교회라는 브랜드 형성 작업을 위한 노력을 기울인다.

a. 구역 연합 조직을 통한 한낮 음료 제공 프로그램: 탁자, 플래카드, 음료 제공 도구 준비

b. 열린 음악회 구성: 신앙인으로서 대중성이 있는 40-60대를 겨냥한 연예인을 초청하고 전주시의 다양한 음악적 채널을 이용하여 열린 음악회를 구성한다. 이로써 바울교회가 대 사회적인 관심과 격려의 마음을 가지고 있음을 드러낸다. 또한 이 행사를 통해 태신자를 부담 없이 교회로 들어오게 하여 경험할 수 있도록 조성한다. 전주시의 각 기관장에게 초청장을 배부하고 많은 외부 인사를 청빙한다.

양육의 달은 수평적 이동을 중심으로 기획한 행사이다. 수평적
이란 전주시 성도들 가운데 교회를 정하지 못하고 방황하는 사
람들에게 교회가 제공할 수 있는 신앙적 최상의 서비스를 제공
함으로써 바울교회에 등록하면 여러 면에서 신앙적인 강화를 받
을 뿐 아니라 많은 신앙적 서비스를 받을 수 있다고 하는 점을
인식시켜 바울교회에 자연스럽게 등록할 수 있도록 하고자 하는
의미이다.

a. 명칭: 가을맞이 7일 연속 신앙 강좌(매일 밤 집회)

b. 기간: 9월 5일부터 11일 밤까지(저녁 7시 30분-9시 30분)

c. 초청 희망 강사: 조용기 목사(여의도순복음교회), 최성규 목사(인
천순복음교회), 오정현 목사(사랑의교회), 이동원 목사(지구촌교
회), 곽선희 목사(소망교회 원로), 장경동 목사(대전중문교회), 장
학일 목사(예수마을교회), 전병욱 목사(삼일교회), 김동호 목사
(높은뜻숭의교회), 김삼환 목사(명성교회), 하영조 목사(온누리교
회), 김문훈 목사(부산 포도원교회), 정필도 목사(부산 수영로교회),
고훈 목사(안산제일교회) 등을 연결하여 가능한 강사로 구성한
다.

나눔의 달은 모임의 달이다. 전도 대상자를 교회의 행사에 초청하는 달이다. 크게 전교인 체육대회를 개최한다. 이때 교인만이 아닌 전도 대상자를 초청하여 하나로 어우러지는 행사를 조성한다. 따라서 본 행사 당일 날 초대될 수 있는 태신자들이 총동원될 수 있도록 한다. 체육대회는 운동 경기 토너먼트가 아닌 명랑운동회 형식으로 구성하여 모든 교우들과 초청자들이 한마당 축제로 만날 수 있도록 한다.

11월에는 추수감사절을 이용해 이웃 초청 잔치를 개최한다. 지역 어르신들뿐 아니라 태신자로 등록되었으나 행사 당일에 참석하지 않은 사람들을 초청하여 교회에 다시 한 번 등록할 수 있도록 하게 한다.

2) 주별 주요 행사안

주별 행사로 행사 기간 동안 약 7개의 소세미나를 개최한다. 소세미나는 수직 이동과 외부인의 교회 유입을 위한 목적성을 갖는다. 태신자로 등록된 사람들이 행사 당일 전에 교회에 접근해 볼 수 있는 기회를 만들어 성도들이 적극적으로 움직일 수 있도록 하는 것이다. 주요 내용은 행사 주제와 맞게 행복과 가정을 중심으로 한 세미나로 구성된다.

- 유아기 자녀 어떻게 양육할 것인가? 최고의 아이를 위한 교육법
- 성장기 자녀와의 갈등 해소를 위한 부모의 접근법 세미나
- 힘을 내세요! 40대 가장의 역할과 행복
- 내가 어머니에요! 오늘날 어머니의 의미와 나의 모습
- 부부생활 문제가 있나요? 건강한 부부를 위한 건강 클리닉
- 시부모와 며느리를 위한 관계 개선 세미나
- 기타 세미나

3) 연령별 프로그램

연령별 프로그램은 남, 여전도회와 교회학교를 위한 프로그램이다. 각 전도회별로 혹은 3-4개의 전도회가 연합으로 행사를 기획하고 구성한다. 그리고 이때 태신자를 초청하여 건강한 기독문화를 소개하고 교회의 일원으로서 누릴 수 있는 행복을 제시하여 복음을 받아들일 수 있도록 하는 것이다. 주요 프로그램은 다음과 같다.

- 가을 야유회
- 봉사활동 초청의 날
- 기타 프로그램

봉사활동 초청의 날은 8월과 9월, 10월에 각 전도회별로 봉사활동이 가능한 부서를 파악한다. 그리고 봉사활동이 필요한 기관을 알선한다. 먼저 회원끼리 봉사활동에 참여한 후 태신자들을 이 봉사활동에 초청하여 교제하는 것이다.

4) 기타 프로그램

금요철야를 특성화시킨다. 지금까지 진행되었던 금요철야의 강사를 선정하여 전주시에 홍보하고 강사와 더불어 담임목사님의 설교 접근 용이성을 만들어 전도로 이어질 수 있는 기회를 만들고자 하는 것이다. 대청산이나 주암산 기도원 같은 곳에서 특별금요철야를 하는 것처럼 전주시민을 위한 특별금요철야를 실시하여 전주시의 성도들의 교회 접근성을 높이고자 하는 것이다.

5) 홍보 전략

홍보는 기존 개념에서 커다란 변화를 가져와야 한다. 즉 적극적이고 직접적인 홍보를 해야 한다. 홍보물 제작과 신문 간지를 위한 광범위한 홍보에 초점을 맞추고 또한 시내 전역에 체계적으로 플래카드 광고물을 부착한다. 또한 차량 스티커를 제작하여 교인들의 차량에 부착한다.

구체적인 홍보 작업은 매월 일정에 따라 구성한다.

(1) 7월 일정

주일	월요일	화요일	수요일	목요일	금요일	토요일
					1	2
3	4	5	6	7	8	9
10 행사 발표	11	12	13	14 플래카드 작업 저금통	15 강사 섭외 시작	16
17 행사 선포식 저금통 배부 태신자 등록 카드 작성의 날	18	19	20	21	22	23
24 1차 태신자 등록 카드 제출의 날	25	26	27	28	29	30
31 2차 태신자 등록 카드 제출의 날						

a. 행사 선포식 준비
b. 저금통 배부
c. 노래 제작
d. 강사 섭외 시작

(2) 8월 일정

주일	월요일	화요일	수요일	목요일	금요일	토요일
	1	2	3	4	5	6 봉사 활동일
7 3차 태신자 등록 카드 제출의 날	8	9	10	11 세미나	12	13
14	15	16	17	18	19	20
21	22	23	24	25 열린 음악회	26	27 봉사 활동일
28	29	30 세미나	31			

a. 음료 제공 서비스 사업: 구자엽 목사
b. 전주시민과 함께하는 열린 음악회

(3) 9월 일정

주일	월요일	화요일	수요일	목요일	금요일	토요일
				1 세미나	2	3
4	5	6 세미나	7	8	9	10
11	12	13	14	15 세미나	16	17
18	19	20	21	22	23	24 봉사 활동일
25 가을 태신자 초대권 전달의 날	26 신앙	27 세미나	28 가을	29 신앙	30 세미나	

a. 소세미나
b. 봉사활동일
c. 가을 신앙 세미나

(4) 10월 일정

주일	월요일	화요일	수요일	목요일	금요일	토요일
						1
2 태신자 초대권 전달의 날	3	4	5	6	7	8
9 태신자를 구역으로 초 대하는 날	10	11 세미나	12	13	14	15
16 전교인 체육대회 태신자를 구역으로 초대하는 날	17	18	19	20 세미나	21	22 봉사 활동일
23 행사 당일 30	24 31	25	26	27	28	29

a. 소세미나
b. 체육대회
c. 부흥회
d. 행사 당일

(5) 11월 일정

주일	월요일	화요일	수요일	목요일	금요일	토요일
		1	2	3	4	5
6	7	8	9	10	11	12
13 추수감사주일	14	15	16	17	18	19
20	21	22	23	24	25	26
27	28	29	30			

a. 추수감사주일 축제

6) 섭외

초청 희망 강사: 조용기 목사(여의도순복음교회), 최성규 목사(인천순복음교회), 오정현 목사(사랑의교회), 이동원 목사(지구촌교회), 곽선희 목사(소망교회 원로), 장경동 목사(대전중문교회), 김동호 목사(높은뜻숭의교회), 김삼환 목사(명성교회), 하영조 목사(온누리 교회), 김문훈 목사(부산 포도원교회), 정필도 목사(부산 수영로교회), 고훈 목사(안산제일교회), 이정익 목사(신촌교회), 김인중 목사(안산동산교회), 홍정길 목사(남서울은혜교회)

a. **유태인 자녀 교육법:** 류태영 박사

b. **성장기 자녀와의 갈등 해소를 위한 접근법:** 강영우 박사

c. **어머니:** 정태기 박사

d. **부부생활:** 송길원 목사

e. **직장인:** 방선기 목사

양희은, 이문세, 정세훈, 윤형주

바울교회 구역공과 중 일부
(2005년 4월 교재 중)

본 자료는 바울교회 구역공과 4월 교재 중 한 주 분량입니다. 내용이 쉽고 구성이 좋아 구역장들이 구역예배 준비와 예배 드림의 부담감을 줄여줄 수 있었습니다. 은혜롭고 쉬운 교재가 구역을 안정시키고 교회를 부흥케 합니다. 구역장들이 구역을 능동적으로 이끌 수 있는 모든 자료를 교재에 담는 것이 중요한데 본 자료를 통해 그 구성과 내용을 참조하시기 바랍니다.

4월 1일

• 만남

인사를 나누세요.

목련이 예쁘게 피는 4월입니다.

목련꽃 그늘 아래서 하나님께서 보내신 편지를 읽으며, 새봄의 향수를 가득 안고 주의 사랑을 나누는 4월이 되시기를 바라요.

환한 미소로 하이파이브 한 번 해보세요.

우리 구역 파이팅!

아자아자! 우리 구역 파이팅!

• 미소

회사가 고용한 새 사장은 게으른 사람들을 모조리 내보내기로 작정했다. 시설을 둘러보던 그의 주의를 끈 것은 벽에 기대 서 있는 한 사나이. 본때를 보여줄 기회로구나 싶었다.

그에게로 다가가서 "한 주에 얼마를 받지?" 하고 물었다. "2백 달러를 받는데 그건 왜요?" 하고 그 젊은이는 되물었다. 그러자 사장은 그에게 2백 달러를 건네주고는 "1주일 치 줄 테니 받아 가지고 썩 꺼져서 다시는 나타나지 말게!" 돈을 받은 젊은이가 사라졌다.

첫 케이스를 잘 해냈구나 생각하면서 그는 주위를 둘러보고 "저 게으름뱅이는 무슨 일을 했었죠?" 하고 물었다. 그랬더니 누군가가 대답하는 말, "피자 배달을 왔던 사람인데요."

• 찬송

복된 4월 되게 하소서!

199장 '주 십자가를 지심으로'

202장 '죄에서 자유를 얻게 함은'

• 기도

구역원 중에서

(매주 순서를 정하되 짧은 기도가 되도록 구역장이 수차례 모범을 보여야 합니다.)

• 말씀

주제: 사람을 향한 하나님의 마음

사람들은 흔히 하나님을 두려운 하나님으로 생각합니다. 그분의 크고도 광대한 위엄 때문에 그분 앞에 함부로 머리를 들지 못합니다. 그래서 구약에서는 하나님을 직접 보게 되면 죽는다고까지 했습니다. 이렇듯 하나님은 두렵기도 하고 무섭기도 하신 분입니다. 그러나 반면에 성경을 자세히 읽어보면 사람에 대한 그분의 깊은 배려를 알 수 있습니다. 너무나 자상하고 너무나 섬세하신 분임을 알 수 있습니다. 그 하나님을 오늘 만나봅시다.

1. 출 20:22-26

"여호와께서 모세에게 이르시되 너는 이스라엘 자손에게 이같이 이르라 내가 하늘에서부터 너희에게 말하는 것을 너희가 친히 보았으니 너희는 나를 비겨서 은으로 신상이나 금으로 신상을 너희를 위하여 만들지 말고 내게 토단을 쌓고 그 위에 너의 양과 소로 너의 번제와 화목제를 드리라 내가 무릇 내 이름을 기념하게 하는 곳에서 네게 강림하여 복을 주리라 네가 내게 돌로 단을 쌓거든 다듬은 돌로 쌓지 말라 네가 정으로 그것을 쪼면 부정하게 함이니라 너는 층계로 내 단에 오르지 말라 네 하체가 그 위에서 드러날까 함이니라."

보통의 경우 제단은 높고 웅장하게 만들어지며 다듬어진 돌, 새겨진 무늬 등으로 화려하게 만듭니다. 그러나 하나님께서는 이러한 제단이 부정하다고 말씀하고 계십니다. 그리고 토단을 쌓으라고 하셨습니다. 왜 토단일까요? 토단은 아무 곳에서나 쌓을 수 있습니다. 그리고 누구나 쌓을 수 있습니다. 그러므로 우리는 하나님께서 예배 받기를 원하시지만 남녀노소, 빈부귀천을 떠나 모든 사람을 사랑하시는 분임을 본문을 통해 알 수 있습니다. 형식이 중요한 것이 아니라 진정으로 하나님을 사랑하는 자를 찾고자 하시는 하나님의 심정을 알아야 합니다. 층계로 내 단에 오르지 말라 하신 것은 이와 같은 의미입니다. 하나님은 누구나 만나기를 원하시고 부르시는 분이기에 하나님 앞에 신령과 진정한 마음으로 나아갈 수 있어야 하겠습니다.

2. 레위기 1:14

"만일 여호와께 드리는 예물이 새의 번제이면 산비둘기나 집비둘기 새끼로 예물을 삼을 것이요."

구약의 제사는 크게 짐승을 잡아 드리는 피의 제사입니다. 소와 양, 염소 등이 많이 사용되었습니다. 그러나 새의 경우 비둘기를 드렸는데 산비둘기와 집비둘기 새끼로 드렸습니다. 그런데 왜 집비둘기는 집비둘기가 아니고 새끼를 드리라고 했을까요? 여기에는 사람을 향한 하나님의 깊은 이해의 마음이 담겨 있습니다. 예배를 받으시기를 기뻐하시지만 예배자를 크게 배려하고 있는 것입니다. 집에서 자라는 비둘기는 새끼를 구하기가 쉬울 것입니다. 그런데 산비둘기는 산에서 흩어져 살기에 새끼를 구한다는 것은 쉬운 일이 아닙니다. 그러므로 하나님께서는 산비둘기는 그냥 새끼이든 어미이든 상관없이 받으신 것입니다. 하나님은 이런 분이십니다. 작은 것에도 인간을 생각하시는 바가 깊은 분입니다. 이런 하나님께서 우리의 허물과 죄를 용서하지 않으실까요? 주 앞에 나아갈 수 있기를 바랍니다.

3. 레 19:9-10

"너희 땅의 곡물을 벨 때에 너는 밭모퉁이까지 다 거두지 말고 너의 떨어진 이삭도 줍지 말며 너의 포도원의 열매를 다 따지 말며 너의 포도원에 떨어진 열매도 줍지 말고 가난한 사람과 타국인을 위하여 버려두라 나는 너희 하나님 어호와니라."

하나님은 주의 백성들이 잘되기를 바라고 모두 강성해지기를 바라서 복을 주시는 분입니다. 일반적인 개념으로 부자가 되고 더욱 강해진다는 것은 나의 것이 많아진다는 것입니다. 그러므로 많은 재물을 축적하기 위해 노력하고 일하는 것이 당연하다고 할 수 있습니다. 그러나 하나님은 가난한 자들을 위하여 추수할 때 밭모퉁이를 남겨두며 떨어진 열매도 줍지 말라고 말씀하고 있습니다. 부자가 되려면 모으고 또 모아야 하지만 하나님은 이웃을 살피고 가난한 자를 살필 수 있어야 진정한 하나님의 백성임을 말하고 있습니다. 어렵고 힘든 이들을 결코 외면하지 않으시는 하나님이심을 알 수 있습니다. 이렇게 배려가 깊으신 하나님의 따뜻하고 진한 사랑 안에서 살아보고 싶지 않습니까? 구역 안에서 혹 돌아보아야 할 가족은 없는지 살필 수 있기를 바랍니다.

• 은혜

조류 중 모성애가 가장 뜨거운 것은 펠리컨입니다. 펠리컨은 새끼들에게 줄 먹이가 없으면 자신의 가슴살을 뜯어 먹입니다. 병에 걸려 죽어 가는 새끼에게 자신의 핏줄을 터뜨려 그 피를 입에 넣어줍니다. 어미 펠리컨은 자신은 죽어가면서도 새끼를 위해 기꺼이 목숨을 바칩니다. 그래서 서양인들은 펠리컨을 사랑과 희생의 상징으로 여겼습니다.

인간의 죄를 모두 짊어지고 대신 피 흘린 펠리컨 같은 분이 있습니다. 그분은 바로 2천 년 전 이 땅에 오셔서 인류의 죄를 모두 책임지셨습니다. 그분의 이름은 예수 그리스도. 예수님은 인간의 탐욕 교만 불신 증오 거짓을 모두 혼자 짊어지고 십자가 위에서 희생한 분입니다. 사람을 향한 하나님의 마음은 자신을 죽기까지 내어주신 사랑입니다. 하나님의 은혜를 누리며 살아갈 수 있기를 바랍니다.

• 중보

이번 주간은 부활주일이었습니다. 부활의 기쁨은 나누는 것이 더 중요합니다. 구역원들을 한 번 돌아보세요. 혹 나의 손길을 기다리는 어려운 구역원은 없나요? 큰 것은 못해도 따뜻하게 용기를 내라고 손이라도 한 번 잡아주세요. 그리고 참석하지 못한 구역원들 심방계획을 한번 세워보세요. 그리고 중보하세요. 하나님께서는 중보하는 기도는 꼭 들으십니다.

- 헌금

"하나님이 세상을 이처럼 사랑하사 독생자를 주셨으니 이는 저를 믿는 자마다 멸망치 않고 영생을 얻게 하려 하심이니라"(요 3:16).

- 주기도문

- 친교

이번 주간 부활절이었습니다. 부활의 주님을 생각하며 삶은 계란과 시원한 우유 한 잔 어때요? 계란은 부활을, 하얀 우유는 부활하신 그리스도의 새로움을 의미하는 듯하네요. 호호호!

진짜 봄이 되었어요. 봄나들이하기에 멋진 장소를 혹시 알고 있나요? 기쁨의 부활을 맞이하고 멋진 봄을 위해 가족과 함께 잠깐 시간을 보낼 만한 장소 한 번 알려주세요.

서울신학대학교 역사연구소
인터뷰 내용

Q. 귀한 시간을 내주셔서 감사드립니다. 먼저 목사님께서 기독교
    신앙을 갖게 된 계기나 혹은 그 과정에서 맛보았던 어떤 특별한
    은혜 체험에 대해 듣고 싶습니다.

A. 저는 불교 가정에서 태어났습니다. 그래서 어렸을 적에는
    예수님이나 교회는 물론 기독교에 대한 용어도 들어보지
    못했습니다. 그러다가 전주에서 중학교를 다니게 되었습니
    다. 그때 같은 반 친구(현재 은행동교회의 임창희 목사)의 전도
    에 의해서 전주성결교회를 나가게 되었습니다. 그때 저는

중학교 3학년이었고, 전주성결교회는 이대준 목사님께서 담임하고 계셨습니다. 그 친구가 함께 가자고 하니까 처음에는 별 취미도 없이 그냥 따라 다녔습니다.

그러다가 고등학교 2학년이던 어느 날, 그 친구가 새벽기도에 같이 가자고 했습니다. 그때 친구를 따라갔다가 거기서 하나님의 영적 음성과 함께 그분을 만나는 분명한 신앙체험을 했습니다. 그리고 이후 꾸준히 교회를 다니게 되었고 신앙의 힘을 얻게 되었습니다.

Q. 목사님께서 앞에서 하나님의 음성을 들으셨다고 하셨는데, 어떠한 음성이었는지 구체적으로 듣고 싶습니다.

A. 다름이 아니라 설교가 끝나고 열심히 기도를 하는데 갑자기 예수님께서 임재하셨습니다. 그리고 "내가 너를 위해서 십자가 위에서 죽었는데 네가 나를 믿느냐?"라고 저에게 물으셨습니다. 그래서 저는 "네, 제가 예수님을 믿습니다!"라고 대답했습니다. 그러자 예수님께서 "그래, 그러면 내가 너를 위해서 십자가를 졌으니 너는 나를 위해서 무엇을 하겠느냐?"라고 다시 물으셨습니다. 얼떨결에 저는 "주님, 제가 이 몸을 바치겠습니다!"라고 대답했습니다(이 체험을 이야기하는 동안 음성이 촉촉해졌는데 당시 감격을 그대로 간직하고 있는 것 같았다). 제가 뭘 알아서 그렇게 대답했던 것이 아니라 아

무 의미도 모르면서 그냥 그렇게 대답을 했던 것입니다.

그때부터 신앙의 확신을 분명히 갖게 되었습니다. 그래서 학생이지만 예배에는 결코 빠지지 않겠다고 결심하고, 부득이한 경우가 아니면 새벽기도부터 모든 예배에 빠지지 않고 열심히 참석했습니다(한 부교역자의 전언에 의하면 지금까지도 이러한 예배 중심의 삶이 흐트러짐이 없이 계속되고 있다고 한다). 그러다가 당시 전주성결교회가 예성에 속했던 관계로 안양에 있는 성결대학교에서 배운 후, 서울신학대학교 대학원에 진학하였습니다.

Q. 목사님께서 갖고 계시는 신앙의 좌우명이나 혹은 목회 철학이 있다면 말씀해 주십시오.

A. 한마디로 나에게 맡겨진 일에 대해서는 "최선을 다하자"는 것입니다. 이것이 저의 신앙 목표이자 동시에 좌우명이기도 합니다. 예수께서 베드로를 두 번 찾아가셨다는 것은 알고 계실 것입니다. 첫 번째 방문에서는 베드로에게 "너는 고기를 잡는 어부가 되지 말고 사람을 낚는 어부가 되라"고 하셨고, 두 번째 방문에서는 "네가 나를 사랑하느냐"라고 물어보신 후

"내 양을 먹이라"고 하셨습니다. 그런데 예수님께서 베드로를 처음 찾아갔을 때, 베드로는 밤새 고기를 잡았지만 한 마리도 잡을 수 없었습니다. 그리고 이후에 예수께서 자기를 부인하고 도망갔던 그를 찾아갔을 때에도 베드로는 밤새도록 고기를 잡았지만 역시 한 마리도 잡지 못했습니다.

제가 은혜를 받기 전에는 예수님께서 베드로를 두 번씩이나 찾아가셨다는 것이 잘 이해가 되지 않았습니다. 첫 번째 방문은 그래도 이해가 갔습니다. 그런데 자기를 부인하고 도망까지 간 베드로를 찾아가셨다는 것은 잘 납득이 가지 않았습니다. 하지만 은혜를 받고 나서는 그것이 새롭게 깨달아졌습니다. 그것은 베드로만이 가지고 있는 독특한 자기 일에 최선을 다하는 모습, 즉 밤새도록 고기 한 마리를 잡지 못했으나 또 다시 최선을 다해 고기를 잡고 있는 모습을 예수님께서 보셨다는 것입니다. 그래서 주님께서는 베드로가 단순 무식하고 실수도 많지만 자신의 일에 최선을 다하는 그 모습, 그것 때문에 그를 사랑하시고 그에게 막중한 사명을 맡기셨다는 생각이 마음속 깊이 느껴졌습니다.

그때부터 무슨 일이든지 맡겨진 일에는 최선을 다해 보자, 최선을 다하면 하나님께서 베드로를 사용하신 것처럼 나도 사용하실 것이라는 생각을 가지게 되었습니다. 그리고 매사에 최선을 다한다는 자세로 여기까지 왔습니다. 물론 지금까지 최선을 다했다고는 할 수 없을지 모릅니다. 하지만 저는 최선을 다하려고 노력은 해왔다고 생각합니다.

Q.   목사님께서는 1985년에 동전주교회(현 바울교회)로 부임하시기 전에 비교적 안정되었던 정읍교회에서 목회를 하셨던 것으로 알고 있습니다. 그런데 거의 개척교회나 다름이 없던 동전주교회로 부임하셨습니다. 특별한 어떤 계기나 동기가 있으셨다면 말씀해 주십시오.

A.   거기에는 크게 두 가지 이유가 있습니다. 하나는 나도 한 번 개척해 보아야 하겠다는 생각이 있었습니다. 다른 분이 이루었던 교회에서 사역을 하는 것도 의미가 있지만, 개척을 해서 목회를 하면 더욱 보람이 있지 않을까 하는 생각이 들었습니다. 그래서 이 문제로 기도하고 있었는데 기회가 와서 동전주교회로 오게 되었습니다.

다른 하나는 제가 구상하고 있던 교회를 만들기에는 정읍이라는 곳이 한계가 있는 지역이라는 생각이 들었습니다. 저는 신학교에 진학하면서 "주는 교회, 선교하는 교회"를 만들고 싶은 꿈이 있었습니다. 그런데 정읍에서 목회를 하다보니까 그 꿈을 이루기에는 정읍이라는 지역이 좀 제한되어 있다는 것을 느끼게 되었습니다. 그렇지 않아도 이미 언급했던 것처럼 나도 한 번은 개척해야 하겠다는 생각을 갖고 기도하고 있었는데, 마침 좋은 기회로 생각하고 동전 주교회로 오게 되었습니다.

Q. 최근 교회 개척과 관련해 많은 사람들이 "교회 개척의 시대는 끝났다"라는 의견을 피력하고 있습니다. 이에 대한 목사님의 견해를 듣고 싶습니다.

A. 저는 그것이 천만의 말씀이라고 생각합니다. 그것은 하나님의 역사를 제한하는 것입니다. 20년 전에 개척교회를 도우시던 하나님이 지금은 도와주시지 않겠느냐 하는 것입니다. 그렇지 않잖아요. 지금도 여전히 도와주고 계십니다. 저는 하나의 정신이 중요하고, 자신의 꿈과 그에 대한 열정이 있느냐가 중요하다고 생각합니다. 이전에는 되고 지금은 안 된다는 것은 뭔가 이상합니다. 물론 사회가 빠르게 변하고 있고 모든 환경이 과거와는 많이 달라졌다는 것을 인정합니다. 하지만 그렇다고 해서 교회 개척이 안 된다는 말은 너무 터무니없습니다. 그리고 그것은 싸워보기도 전에 미리 지고 마는 것과 같습니다. 물론 이 시대에 교회를 개척하면서 과거의 방법을 그대로 답습해서는 안 됩니다. 시대의 변화를 충분히 반영해야 합니다. 하지만 그럼에도 불구하고 교회 개척의 원리는 근본적으로 동일하다고 생

각합니다. 그러므로 안 된다는 부정적인 생각을 버려야 합니다. 사람의 생각으로 하나님의 역사를 제한할 수 있기 때문입니다. 최선을 다하면 그 다음은 하나님이 하시는 것 아닙니까? 그러므로 교회 개척은 지금도 얼마든지 가능성이 있다고 봅니다. 비단 개척뿐만 아니라 매사가 다 그렇지요. 물론 이미 언급했듯이 시대적인 흐름에 따라 문화가 다르고, 그 때문에 여건이 어렵고 성장 속도가 더딘 점도 있습니다. 그래도 하나님이 도우시면 지금도 개척해서 교회를 성장시키는 것이 가능하다고 생각합니다.

Q. 바울교회는 목사님께서 부임하신 지 20여 년 만에 비약적인 부흥과 성장을 경험했습니다. 목사님께서는 이러한 성장의 원동력이 어디에 있다고 보시는지요?

A. 주변에서는 바울교회가 놀랍도록 성장했다고 말합니다. 하지만 교만하다고 생각하실지도 모르겠지만 저는 솔직히 그렇게 많이 성장하였다고는 느끼지 않습니다. 제가 기대하였던 바울교회까지는 아직 미치지 못했다고 생각하기 때문입니다.

    그럼에도 불구하고 바울교회가 여기까지 올 수

있었던 데는 몇 가지 요인이 있다고 생각합니다. 첫째는 무엇보다도 하나님의 은혜입니다. 이것은 저의 진심입니다. 물론 모든 분들에게 다 그렇겠지만 지난 시간들을 돌아보면 모든 것이 하나님의 은혜라고 고백할 수밖에 없다는 것이 저의 솔직한 심정입니다. 둘째로 오늘의 바울교회는 주위에서 저를 위해 기도해 주시는 많은 분들, 특히 저희 어머님과 장모님의 헌신적인 기도에 많이 빚지고 있다고 생각합니다. 그분들의 사랑과 기도, 그리고 따뜻한 격려가 없었다면 오늘의 저는 없었을 것입니다.

셋째로 또 하나 빼놓을 수 없는 것은 시기적절한 좋은 만남들이 있었다는 것입니다. 그러한 만남들이 있었기 때문에 부족하지만 오늘의 결과가 가능했다고 생각합니다. 우리 교회의 당회원들도 그렇고, 함께 일하고 있는 스텝들도 그렇고, 그들 모두가 좋은 사람들이라고 자부합니다. 그리고 주위의 사람들도 저보고 "목사님, 참 인복이 많습니다."라고 말들을 많이 합니다. 그것은 제가 접촉하는 분들이 좋은 분들이기 때문에 그렇다고 생각합니다. 한 예로 제가 이 교회에 부임한 후로 당회를 해도, 직원회를 해도 '아니요'라는 말이 거의 없었습니다. 제가 부족하고 모자라지만 그분들이 저를 믿어주고 따라주셨습니다. 저의 말에 협력해 주는 그러한 분들이 계셨기에 오늘의 바울교회가 있었다고 생각합니다. 생각하면 할수록 감사할 따름입니다. 이미 알고 계시듯이 전주에는 미국 남장로회선교부 본부가 있던 곳으로 장로교 판입니다. 그런데도 우리 성결교회가 자리 잡고 성장할 수 있었던 것은 전적으로 하나님의 은혜이지만 저를 후원하고 도와주는 스텝들이 다 좋은 분들이었기 때문이라고 생각합니다.

이와 관련해 또 빼놓을 수 없는 분이 이대준 목사님이십니다. 이 목사님께서 저를 키웠고 가르치셨으며, 제가 어려울 때마다 순간순간 도와주셨습니다. 저는 제가 그분의 제자라는 것이 얼마나 감사한지 모르겠습니다. 그분이 있었기에 장로교 텃밭인 전주지역에서 성결교회에 대한 편견이 불식되었다고 할 수 있을 것입니다. 지금까지도 저는 그분의 목회 철학을 따라 사역하려고 노력하고 있습니다. 그분의 정신과 목회이념을 제가 충실히 이어받으려고 했던 것이 여기까지 올 수 있었던 한 요인이라고 생각합니다. 마지막으로 또 하나가 있다면 도움이 될지는 모르겠지만 특히 설교를 중심한 예배의 차별에 있다고 생각합니다. 제가 신학교에 다니면서 마음에 깊이 품었던 생각이 있습니다. 하나는 예수 믿는

사람들이 복을 받아야 한다는 것이었고. 또 하나는 이왕 목회할 바에는 주는 교회, 선교하는 교회, 그리고 큰 교회를 이루겠다는 것이었습니다. 그것은 큰 교회를 이루어야 마음껏 구제도 하고 선교도 할 수 있을 것이라는 생각 때문이었습니다.

하지만 교회가 우연히 커지는 것이 아니잖습니까? 그래서 당시 한국에서 급성장하고 부흥하던 교회들에 관심을 갖게 되었습니다. 제가 신학교에 다닐 때에는 조용기 목사님(여의도순복음교회), 한경직 목사님(영락교회), 김창인 목사님(충현교회), 그리고 강원용 목사님(경동교회)과 같은 분들이 한국교회를 이끌어 나가고 있었습니다. 저는 그분들에게는 뭔가 특별한 것이 있을 것이라고 생각했습니다. 그래서 저는 신학교 2학년 때부터 주일날 1부 예배는 여의도순복음교회에서, 2부 예배는 영락교회에서, 3부 예배는 충현교회에서, 그리고 4부 예배는 경동교회에서 드리는 식으로 새벽부터 밤까지 하루 종일 돌아다녔습니다. 왜냐하면 목사님들의 메시지 속에는 그분들의 삶의 철학, 목회이념과 정신이 들어있기에 그것을 통해서 배우기를 원했기 때문입니다.

그 과정에서 저는 왜 그러한 교회들이 급성장하는 교회가 되었는지를 깨닫게 되었습니다. 그것은 "역시 말씀이구나!" 하는 것이었습니다. 교회 성장의 첫째는 메시지에 있었습니다. 아무리 인품이 좋고 주차장도 좋고 프로그램이 좋아도 메시지가 없으면 대 교회가 힘들겠다는 느낌이 들었습니다. 그래서 그때부터 설교에 주안점을 두기로 다짐하고, "설교에 목숨을 걸겠다"는 정신을 갖게 되었습니다. 그런 정신으로 하다 보니 제 스스로가 설교에 도취되고 또 설교가 재미있어졌습니다. 다른 뜻이 있는 것이 아니라 자신의 설교에 스스로 만족감을 가지고 거기에 주안점을 두어 확신 있게 전하다보니 설교가 재미있게 되었다는 것입니다. 물론 설교를 준비할 때는 힘도 들고, 지금도 여전히 많이 부족하지만 그럼에도 설교가 오늘의 바울교회를 이루는 데 어느 정도 영향을 주지 않았나 생각합니다.

Q. 목사님께서는 당회원들을 비롯하여 여러 인복(人福)에 대해 말씀하셨습니다. 전문적인 용어로 그것은 리더십이라고 할 수 있을 것입니다. 그분들과의 관계 형성의 비결에 대해 구체적으로 말씀해 주십시오.

A. 어떤 분이 이런 말씀을 하셨습니다. 대 교회를 이루려면 재정을 움켜쥐고 당회원들이 꼼짝 못하도록 만들어야 하고, 그것이 안 되면 대 교회는 꿈도 꾸지 말아야 한다는 것이었습니다. 하지만 저는 그것을 좀 다르게 생각했습니다. 재

정과 당회원을 힘으로 잡으려고 하면 잡을 수도 없거니와 언젠가는 그것 때문에 교회가 큰 분란을 겪게 될 수 있다고 생각했습니다. 그래서 저는 재정과 관련해서는 처음부터 나 자신이 물질에 청렴결백해지는 것이 재정을 잡는 길이라고 생각했습니다. 자신이 물질에 깨끗하지 못하고, 하나님께 헌금하는 데 인색하면 어떻게 재정에 대해서 소신껏 지출할 수 있겠습니까? 자신이 먼저 재정에 대해 하나님이나 사람들 앞에 투명하지 않으면 돈에 대해 바른 소리를 할 수 없습니다.

또한 당회와 관련해서도 당회원들을 공박하기보다는 먼저 신앙의 본을 보여야겠다고 생각했습니다. 그것이 당회원들로부터 진정한 신뢰와 지지를 얻는 길이라고 생각했기 때문입니다. 당회원들에게 신앙의 본을 보일 때 그분들에게 그리스도 안에서 바른 소리를 하고 소신껏 말할 수 있는 것입니다. 목사는 기도하지 않으면서 장로는 기도해야 한다든지, 목사는 십일조 안 하면서 장로는 십일조를 해야 된다든지 하는 것들은 누가 보아도 앞뒤가 맞지 않는 것입니다. 당회원들이 "우리 목사님은 분명하다, 정확하다"라고 생각할 때에 소신껏 이야기할 수 있지 않겠어요? 당회원들이 당신은 말뿐이라고 한다면 목사가 어떻게 할 수 있겠습니까? 그런 의미에서 저는 우리 교회 당원들부터 많은 사랑을 받고 있는 것 같습니다. 제가 어떤 일을 계획하든지 전적으로 믿어주시고 지원해 주시니 감사할 따름이지요.

Q. 목사님께서 바울교회를 섬기시면서 가장 중점을 두고 계시는 것이 있다면, 그에 대해 말씀해 주십시오.

A. 제가 지금까지 항상 마음에 품고 위하여 기도하는 것이 세 가지 있습니다. 첫째는 제가 섬기는 교회가 부흥되어야 한다는 것입니다. 내 교회의 성장에 대한 뜨거운 열망이 없이는 큰 열매를 얻기가 어렵다고 봅니다. 교단을 사랑하는 마음으로 교단 사업에도 열심이 참여해야 하지만 교단을 가장 사랑하는 것은 무엇보다도 각자가 맡고 있는 개교회의 부흥에 있다고 생각합니다. 개교회가 성장하지 않는 한 교단도 성장할 수 없다고 보기 때문입니다. 그래서 일단은 내 교회가 부흥되어야 한다고 보고 기도하고 있습니다.

둘째는 내 교회의 교인들이 그래도 복을 받아야 하지 않느냐는 것입니다. 복을 받게 되면 신앙생활의 보람도 더욱 느낄 수 있다고 보기 때문입니다. 그래서 저는 교인들이 하나님의 복을 받도록 하기 위해서 어떻게 해서든지 말씀을 바르게 가르치려고 합니다. 하나님과 좋은 관계를 맺을 때 그 복은 주어지는 것이니까요. 그러다 보면 성령의 충만함도 받고, 복도 받고, 하나님의 놀라운 일들도 경험하는 것을 보게 됩니다.

셋째는 우리 교회의 장로, 권사, 집사 등 직분자들이 하나님 앞에서 올바르게 쓰임 받게 해달라는 것입니다. 축복은 받았지만 버림받고 성공을 한 후 타락하는 사람들이 얼마나 많습니까? 그러나 우리 교회의 성도들만큼은 죽을 때까지 하나님 앞에서 타락하지 않고 쓰임 받다가 하나님 나라에 갔으면 하는 마음이 있습니다. 바로 이것들이 제가 목회에서 중점을 두고 있는 것입니다.

Q. 바울교회는 장로교 텃밭이라고 할 수 있는 전주지역에서 놀라운 성장을 일구었습니다. 따라서 바울교회는 기존의 지역 교회들과 차별화할 수 있는 나름대로의 브랜드가 있을 것이라고 생각됩니다.

A. 글쎄요. 바울교회는 "이런 교회이다."라고 못박아서 얘기할 만한 브랜드가 있는지는 잘 모르겠습니다. 하지만 굳이 말하자면 기도 및 선교라고 할 수 있을 것입니다. 제가 이곳에 부임할 때부터 시작한 철야 기도가 지금까지 하루도 거르지 않고 꾸준히 계속되고 있습니다. 이것은 신자들이 승리하고 바울교

회가 성장하기 위해서는 성령 충만해야만 한다는 당위성에서 시작되었습니다. 그리고 그러한 생각은 지금도 변함없습니다. 그렇기 때문에 기도의 용사들이 철야하며 무릎으로 하나님께 기도하며 교회와 교우들을 섬기고 있습니다.

우리 교회의 이슈는 성령 충만하여 선교하는 교회가 되자는 것입니다. 선교하는 교회만 되어서도 안 되고, 성령 충만한 교회만 되어서도 안 됩니다. 성령 충만하여 선교하고, 선교하면서 성령 충만한 교회가 저희들이 지향하는 교회입니다. 개척 초기부터 성령 충만과 선교에 중점을 두어왔기 때문에 바울교회가 여기까지 올 수 있었던 같습니다. 사실 저는 그렇게 똑똑하지 못합니다. 학벌도 없습니다. 주위의 친구들은 대학원을 몇 개나 나오고 학위도 몇 개씩 있지만 저는 변변한 학위가 하나도 없습니다. 그럼에도 하나님께서 바울교회를 이렇게 만드신 것은 성도들이 성령 충만하고 동시에 선교에 헌신하려는 모습들을 보셨기 때문이 아닌가 하는 생각이 듭니다.

그리고 또 하나를 들자면 예배의 차별화라고 할 것입니다. 특히 우리 교회의 경배와 찬양예배는 이 지역에서 가장 생동감 있게 드려진다고 할 것입니다. 이것은 학생 및 청년층과 젊은 부부들에게 강한 매력으로 작용하고 있습니다.

또한 우리 바울교회는 일찍부터 예배들을 특징 있게 인도하려고 애써왔습니다. 예를 들어 설교 메시지도 새벽과 저녁예배는 말씀 강해, 주일예배는 대중적 설교, 철야기도회는 부흥회식 설교 등 메시지와 그 전달 방법에 있어서 다양성을 추구하고 있습니다. 그렇기 때문에 예배시간들마다 독특한 맛이 있습니다. 특히 철야기도회 때에는 우리 교회만 아니라 전주지역의 교회들이 초교파적으로 모여 초대교회의 예배 분위기를 연상시킬 정도로 뜨겁습니다. 기도원은 아니지만 기도원 못지않게 기도와 찬양이 뜨겁습니다. 최근 주일 오후 예배는 젊은이들이 마음껏 찬양하고 예배하는 열린 예배로 드리고 있는데 매우 호응이 좋습니다. 한마디로 예배 시간들을 차별화하면서도, 전통적인 것과 현재적인 것 사이의 조화와 균형을 잡으려고 하고 있습니다.

Q. 이 지역사회의 주민들이 바울교회에 대해 어떤 인식을 갖고 있는지요? 그리고 바울교회가 갖고 있는 지역사회를 위한 계획이나 활동이 있다면, 그에 대해 말씀해 주십시오.

A. 지나치게 과장될는지는 모르지만 바울교회는 "기적을 낳

는 교회"라고 인식하는 것 같습니다. 이러한 인식은 우리
교회의 건축 과정에서 나온 것 같습니다. 우리 교회는 뜻하
지 않던 금융 위기(IMF)가 시작됨과 동시에 교회를 건축하
게 되었습니다. 그때 거의 모든 사람들이 이구동성으로 이
교회는 "문을 닫는다, 부도가 난다."라고 했습니다. 어쩌면
그러한 말들이 당연할 것입니다. 그런데 IMF와 동시에 교
회 건축이 시작되고 IMF가 끝나면서 교회가 완공되었지만
아무런 탈이 없었습니다. 이때부터 지역주민들 사이에 바
울교회는 "기적을 낳는 교회"라는 말이 나돌기 시작한 것
입니다.

　또 하나는 평범한 이야기이기는 하지만 바울교회는 "좋
은 교회"라는 말들을 하고 있습니다. 사실 저희들은 지역
사회를 위해 투명하게 뭔가 일하는 교회로 알려지기를 기
대하고 있습니다. 그래서 현재 특별한 것은 아니지만 전주
시와 협력하여 노인들을 위한 행사를 전적으로 지원하고
있습니다. 매주 전주시에서는 공원의 노인들을 중심으로
무료급식, 의료봉사 등과 같은 각종 행사들을 진행하고 있
는데 그 경비를 우리 교회에서 전적으로 맡고 있습니다. 그
리고 앞으로 보다 체계적으로 이 지역의 어렵고 소외된 사
람들을 찾아 그들과 함께하는 사업들을 하려고 계획하고
있습니다.

Q. 교회가 성장하게 되면 이동 신자들이 있게 마련입니다. 그리고
이로 인해 기존의 지역 교회들과의 갈등이 일어나게 됩니다. 아
마 목사님께서도 이러한 문제를 겪었을 것이라고 생각되는데,
이에 어떻게 대처하셨는지 말씀해 주십시오.

A. 합리화나 변명이 아니라 교회가 대형화되면서 교인들의
내 교회에 대한 주인 의식이 점점 희박해지는 것 같습니다.
그래서 여러 가지 이유로 다른 교회로 수평 이동하는 신자
들이 점점 많아지는 추세입니다. 그런데 문제는 그러한 사
람들을 교회로 오지 못하게 할 수 없다는 것입니다. 그렇다
고 해서 그들에게 우리 교회에 오라고도 양심적으로 못합
니다. 이 바울교회는 원 목사의 교회도 아니고 하나님의 교
회니까요. 저는 이곳에서 영적인 만족이나 필요가 채워지
지 않으면 언제든지 가도 좋다고 합니다. 언제나 문을 열어
놓습니다. 들어오는 문도 열어 놓고, 나가는 문도 열어 놓
고 있습니다. 물론 저도 가지 않는 것이 좋습니다. 하지만
많은 사람들이 우리 교회에 왔다가 가기도 합니다. 특히 성
결교회 교인이 아닌 골수 장로교인들 가운데 우리 교회에
왔다가 적응하지 못하고 가는 경우가 많습니다. 저는 사람
들이 우리 교회에 오는 것도 막지 않지만 간다고 해도 말
리지는 않습니다. 물론 가려고 하는 교인들에게 계속 함께
할 수 있으면 좋겠다고 몇 차례 권면은 합니다. 하지만 자

신에게 바울교회보다 더 좋고 더 잘 맞는 교회가 있다면 가시라고 합니다.

기존의 교인들이 우리 교회로 오면 주위의 목사님들이 전화를 해서 입에 담지 못할 말들도 하지만 저도 충분히 그 심정을 이해를 합니다. 왜냐하면 제가 목회를 하다보니까 내 교회의 신자들이 다른 교회로 갔을 때 맛보게 되는 굉장한 배신감은 그만두고라도 저의 부족함이 보이는 것 같았습니다. 제가 좀 더 좋은 말씀을 전하고 좀 더 좋은 목사였으면 그들이 가지 않았을 텐데 하는 마음이 들기도 했습니다. 우리 교회에 온 성도들의 목사님들도 그러한 마음이 들지 않았겠어요? 그런데도 욕설, 폭언 등 정말 입에 담지 목할 말을 듣습니다. 그럴 때면 저는 끝까지 침묵하며 그분들을 이해하려고 노력합니다. 그때 감정적으로 대응하여 "이xx, 저xx"하면서 내가 언제 뺏어갔느냐고 받아치면 원수가 되는 것이지요. 지금으로부터 약 5~10년 전에는 그러한 일들이 상당히 심각했습니다. "이xx, 저xx"하면서 주위의 목사들이 단합해서 쳐들어온다고까지 했습니다.

하지만 지금은 바울교회에 대해 상당히 좋은 이미지를 가지고 있습니다. 물론 아직도 피해의식을 갖고 있는 사람들도 있지만 지금은 대체로 서로 많이 이해하고 있는 편이고, 계속 좋은 관계를 맺으려고 개선하고 있습니다.

Q. 목사님께 혹시 마음에 품고 계시는 바울교회의 청사진이 있다면 말씀해 주십시오.

A. 바울교회에 대한 저의 청사진은 크게 두 가지입니다. 첫째는 끝까지 선교 지향적인 교회로 남아야 한다는 것입니다. 선교하는 일에서만큼은 어떠한 일이 있더라도 주저하지 않으려고 합니다. 그리고 당회원들이나 교인들에게도 선교에 대한 포부를 갖자고 도전하고 있습니다. 그래서 주님이 오실 때까지 선교에 대해서는 누구보다도 앞장서는 교회로 기억되고 싶습니다. 이를 위해 바울교회는 선교 센터를 비롯해 각종 선교 관련 시설들을 설립할 계획입니다. 특히 선교지에서 돌아오는 선교사들을 위한 안식처를 설립하여 그들이 돌아왔을 때 언제든지 쉴 수 있는 장소를 제공하려고 합니다.

또 하나는 지역사회와 관련된 것입니다. 대체로 이 지역은 타 지역에 비해 낙후되어 있습니다. 이러한 사정으로 바울교회는 이 지역사회를 위해 무엇을 할 수 있을 것인가에 대해 고민해 왔습니다. 그래서 일단은 세상이 하지 않는 복지사업을 감당하기로 결정했습니다. 세상 사람들이 하지 않는, 그리고 세상의 그늘에 가려져 무관심 속에 있는 대상들을 위해 주님이 기뻐하시는 일들을 이루고 싶은 꿈이 있습니다. 이를 위해 저희들은 우선 청소년 복지센터를 세우고 그들에게 복음을 전할 계획을 세우고 있습니다. 이를 통해 우리 교회는 청소년 사역의 선두주자가 되기를 기대하고 있습니다. 또한 노령사회를 맞이하여 노인 복지센터와 실버타운, 그리고 복지병원을 연계하는 사업을 이루어 나갈 것입니다. 이러한 사업들을 위해 이미 지난 2004년 7월 말에 바울복지재단 설립을 마친 상태입니다.

Q. 최근 교단의 정체성과 관련해 냉소적인 분위기가 나타나고 있는 것 같습니다.

A. 글쎄요. 여기에 대해서는 젊은 목사들 사이에 부정적인 생각도 많이 있는 것 같습니다. 하지만 일단은 성결교회이기 때문에 안 된다는 것은 전부 개인적 소견에 지나지 않는다고 생각합니다. 한 예로 조용기 목사의 여파로 인해 굵직한 규모의 순복음교회가 전국적으로 산재해 있습니다. 그러므로 특정교파는 되고, 특정교파는 안 된다는 식의 사고는 떨쳐버려야 합니다. 그리고 분명한 사명의식과 교단의식을 갖고 각자에게 맡겨진 일터에서 하나님이 세운 교회라는 생각으로 사역에 전념하는 자세가 중요합니다.

몇 년 전에 제가 들었던 이야기입니다. 서울신대 신대원생들이 교단의 침체 원인에 관한 조사를 했다고 합니다. 그 결과 크게 두 가지 요인이 제기되었습니다. 하나는 성결교회가 장로교나 감리교, 두 교단보다 뒤늦게, 그리고 열악한 여건 하에서 시작되었다는 것입니다. 또 다른 하나는 제가 듣기에도 좀 거북한 말인데, 성결교회 목회자들이 너무 교단 정치에 관심이 많다는 것이었습니다. 성도가 300명 정도만 모이면 교회의 부흥보다는 정치에 더 많은 관심을 갖기 시작한다는 것입니다. 두 번째 결과는 우리들에게 시사하는 바가 크다고 봅니다. 즉 목회자들이 정치적인 것에서 탈피하여 본질적인 사역으로 돌아가지 않으면 교단은 더욱더 어려워질 수 있다는 것입니다. 학자는 연구를 해서 학생들을 이끌고 도전해야 한다면, 목회자는 역시 목회를 잘해서 도전을 줄 수 있어야 한다고 생각합니다.

성결교회 목회자들은 성결교회라서 안 된다는 생각은 벗어버리고, 일단 교회를 부흥시키려는 열심을 회복해야 합니다. 즉 무엇보다도 먼저 교회 부흥에 대한 불붙는 마음을 가져야 한다는 것입니다.

Q. 최근 한국사회는 특히 대미관계에서 심각한 딜레마에 빠져 있습니다. 한국기독교에 대한 편파적 시비도 그 연장선에서 이해할 수 있을 것입니다. 한미관계와 관련해 한국교회가 어떤 자세를 취해야 하는지 현 시국과 관련된 목사님의 견해를 듣고 싶습니다.

A. 저는 한국교회가 이 일에 대해서 분명히 짚고 넘어가야 한

다고 생각합니다. 한마디로 한국교회는 미국과 미국교회를 이대로 저버려서는 안 됩니다. 오늘의 자유스러운 대한민국은 첫째는 하나님의 은혜요, 둘째는 미국의 도움이 있었기 때문에 가능했다고 봅니다. 물론 그 과정에는 여러 가지 부작용이 있었던 것도 사실입니다. 하지만 그럼에도 불구하고 미국과 미국교회의 도움을 망각해서는 안 될 것입니다. 특히 한국교회는 미국교회로부터 많은 빚을 지고 있습니다. 한국교회는 언더우드와 아펜젤러 같은 선교사들이 죽음을 무릅쓰고 와서 전해 준 복음으로 탄생했습니다. 실제로 복음을 전하다가 이 땅에 묻힌 선교사와 그 가족은 부지기수입니다.

저는 설교시간에 종종 미국과 미국교회의 이야기를 합니다. 그래서 사람들은 저보고 친미주의자라고 합니다. 하지만 제 뜻은 친미주의를 하자는 것이 아니라 그들로부터 받은 은혜를 저버리지 말자는 것입니다. 그러한 의미에서 우리나라는 미국과의 동맹관계를 더욱 두텁게 해야 합니다. 안보관계는 물론 종교에 있어서도 마찬가지입니다. 대미관계가 멀어진다면 그로 인한 손해와 어려움은 고스란히 우리가 떠안게 된다는 사실을 잊지 않았으면 합니다.

Q. 마지막으로 후배 목회자들이나 사역 예비생들에게 당부하고 싶으신 말씀이 있다면 부탁드리겠습니다.

A. 글쎄요. 제가 별로 특별한 사람도 아닌데……. 그래서 목회에 대해 제가 평소에 갖고 있는 소신으로 이를 대신하려고 합니다. 무엇보다 목회는 인내라는 것입니다. 목회가 얼마나 어렵습니까? 그래도 참고 인내의 훈련을 계속해야 한다는 것입니다. 목회자가 끝없이 인내하면서 최선을 다하는 모습을 보여주면, 교인들은 목회자가 실수를 해도 좋아하게 되어 있습니다. 하지만 목회자가 아무리 설교를 잘하고 대인관계가 좋아도 목회자가 최선을 다하지 않는 모습이 보이면 교인들은 상처를 받습니다.

그래서 사도 바울도 디모데에게 이런 이야기를 했잖아요. "말과 행실과 사랑과 믿음과 정절에 대하여 믿는 자에게 본이 되어 … 이 모든 일에 전심전력하여 너의 진보를 모든 사람에게 나타나게 하라."고 합니다. 저는 이 말을 "자기 일에 최선을 다하라. 그렇지 않으면 주의 종이 무시당하고 업신여김을 받는다. 업

신여김을 받지 않고 무시당하지 않으려면 믿는 자에게 본을 보여야 하고 전심전력으로 진보를 보이라."는 뜻으로 받아

들입니다. 그래서 매사에 인내하며 최선을 다하려고 합니다. 사역을 준비하는 모든 분들이 이러한 자세를 갖출 수 있었으면 합니다.

2008년 전주시교회연합회
광복절 연합예배 대회사

신앙의 대 선배이신 도산 안창호 선생님은 "우리 나라에 인물이 없다고 한탄하는 이들은 많다. 그러나 정작 인물이 되려고 노력하는 이들은 없다."라고 일제 강점기의 대한민국 국민에게 외쳤습니다. 작금의 대한민국은 어떠합니까? 한국교회의 미래이며 이 사회의 미래가 되어야 할 이 땅의 교회와 그리스도인들은 어떻습니까? 오늘 한국교회 안에 인물이 없다고 한탄하는 사람들은 많지 않습니까? 그러나 정작 인물이 되려고 노력하는 사람과 교회는 얼마나 있습니까? 이 나라와 이 민족을 위해 인물이 되어보겠다고 준비하는 대한민국의 크리스천들이 우후죽순처럼 일어나야 하는 때가 된 것 같습니다. 민족의 등불이었고 민족의 희망이었던 한국교회였습니다. 자꾸만 왜소해져 가는 교회의 위상, 그리스도인들의 위상이 이제 변화의 물결을 타야만 하는 그런 때가 된 것 같습니다.

광복 63주년, 그 어느 때보다 더 뜻 깊은 해라고 하지 않을 수 없습니다. 평양대부흥운동 100주년을 보내면서 한국교회는 내외적으로 회개운동과 갱신운동의 바람을 일으켜 세웠습니다. 교회가 새로워짐을 통해 부흥의 물결이 일어나기를 바라고 또 바랐습니다. 또한 새로운 정권이 들어서며 그만큼 교회에 대한 기대도 많았습니다. 이러한 연유로 올해는 기독교의 새로운 면모가 여러 면에서 드러날 수 있으리라는 기대로 가득 차 있었습니다. 그러나 여전히 교회는 대 사회적 관계에 있어 쉽지 않은 길에 놓여 있습니다. 이대로 있어서는 안 된다는 위기의식에 대한 자성의 목소리도 많이 들려오고 있습니다. 그러나 분명한 것은 역사의 도도한 흐름 속에 우리와 함께하셨던 하나님께서 오늘의 우리와도 함께하신다는 사실입니다. 역사의 주인 되시는 야훼께서 우리 민족을 계속 사랑하시며 사용하고 계십니다. 일제 강점기의 암울했던 역사 속에서도 인물이기를 주저하지 않았던 수많은 선배 신앙인들의 신앙 고백적 민족의식을 외면치 않으셨던 하나님께서 오늘의 대한민국 역사도 주관하고 계신다고 확신합니다. 작금의 국가적 상황은 일제 강점기 때와 같이 영토 주권에 대한 침탈이 대두되고 있습니다. 그래서 신앙의 선배들이 가졌던 나라

사랑에 대한 열정이 오늘 우리들과 교회와 온 나라에 가득 일어날 수 있어야 합니다. 그래서 이 시대의 인물이 되기 위해 노력하는 많은 그리스도인이 금번 연합 예배를 통해 결단되기를 소망합니다. 위기의 민족적 과제 앞에 인물로 우뚝 서는 교회들이 하나둘 일어서기를 기대합니다. 국내적인 안정과 발전을 위해서 뿐아니라 국토의 주권과 외환 등 여러 위기 속에서 대한민국이 굳건할 수 있도록 한국교회가 인물이 될 수 있기를 기대합니다.

하나님을 위해 교회를 위해, 그리고 이 민족과 나라를 위해 인물이 되려고 노력하는 그리스도인의 결단이 일어나는 광복 63돌의 기념 예배가 될 수 있기를 바랍니다.

2008년 8월 17일
대표회장 원팔연 목사

"책에 길이 있습니다."

아래 글은 원팔연 목사가 집필한 2004년 8월 9일자
사모신문 칼럼입니다.

    지혜를 구했던 솔로몬을 왜 하나님은 축복하셨을까? 형제들과의 권력투쟁에 휩싸일 수밖에 없었던 솔로몬은 누구보다도 강한 권력이 필요했다. 그러나 "내가 네게 무엇을 줄꼬 너는 구하라"(왕상 3: 5b)라고 하시는 하나님께 구한 것은 정권 유지를 위한 군사력도 아니고 나라를 운영할 재정도 아니었다. 백성들의 배고픔을 달래 그들의 마음을 사야만 했던 왕이라면 오히려 풍요로운 재물을 구해야 하지 않았을까? 그러나 솔로몬은 그 어떤 것도 구하지 않고 지혜를 구하였다. 지혜는 무엇일까? 지혜는 당장 배부름을 불러 오지는 못한다. 그러나 스스로 먹을 것을 찾을 수 있는 힘을 준다. 책도 마찬가지이다.

해마다 연말이 되면 많은 단체들이 힘들고 어려운 이웃들을 찾아 나선다. 연탄을 나르고 라면 상자와 쌀을 사들고 찾아간다. 언론도 이런 선행을 찾아 연일 대서특필을 한다. 그러나 즐거움도 잠시뿐 금세 잊히고 만다. 배고픈 사람들에게 먹을 것만 주는 것은 그들에게 가난의 굴레를 덧씌워 거지로 만들 위험이 있다. 그들에게 정작 필요한 것은 가난에서 벗어날 수 있는 지혜와 지식이다. 생선을 주는 것보다 낚시하는 방법을 가르쳐 주라는 격언과 같은 이치다. 가난한 사람을 도울 때 많은 사람들은 우선 의식주에 모든 초점을 둔다. 정부정책 가운데 문화 부문이 항상 뒷전이듯 개인의 삶에도 책은 항상 그 다음이다. 당장 굶어 죽는 사람에게 책은 사치라고 생각하기 때문이다. 그러나 책을 주면 스스로 구하여 먹을 방법을 찾는다. 먹을 것만 주면 계속해서 도움의 손길만 바라게 되고 결국 한 인간을 도태시키는 의도하지 않은 결과를 초래할 위험이 높다.

그런 면에서 지혜를 구한 솔로몬은 참으로 지혜로운 사람이다. 솔로몬은 이미 신명기 17장 18-20절의 "그가 왕위에 오르거든 레위 사람 제사장 앞에 보관한 이 율법서를 등사하여 평생에 자기 옆에 두고 읽어서 그 하나님 여호와 경외하기를 배우며 이 율법의 모든 말과 이 규례를 지켜 행할 것이라 그리하면 그의 마음이 그 형제 위에 교만하지 아니하고 이 명령에서 떠나 좌로나 우로나 치우치지 아니하리니 이스라엘 중에서 그와 그의 자손의

왕위에 있는 날이 장구하리라"는 말씀의 깊은 의미를 알고 있었던 것은 아닐까? 율법서, 즉 하나님의 말씀을 항상 옆에 두고 읽어서 무엇이 하나님을 기쁘시게 하는 일인지 깨닫고 알았을 것이다. 하나님 경외하기를 배우고 지켜 행하며 교만하지 아니하고 치우치지 않아야 할 왕의 본분을 자각하며 그것은 결국 말씀을 통한 지혜에서만 가능하다는 것을 알았기 때문이 아니었을까? 지혜의 보고(寶庫) 속에 하나님 사랑을 받는 법, 왕으로서 나라를 다스리는 법, 백성들을 잘 다스려 좋은 왕으로 인정받는 법도 숨겨 있음을 알았기에 성경에 감추어져있는 그 지혜를 구한 것이 아니었을까?

우리의 자녀들은 어떠한가? 한 달에 몇 권의 책을 읽고 있는가? 아니 어린이의 거울이 되어야 할 어른들은 과연 몇 권의 책을 읽고 있는가? 부모들마다 좋은 환경을 조성해 주기 위해 갖은 노력을 다한다. 그러면서도 정작 책 한 권 읽을 여유를 주지 않는 것이 오늘 우리의 현실이 아닌가? 한 조사에 의하면, 우리나라 성인들의 한해 평균 독서량은 0.7권, 일본의 21권에 비해 빈약하기 그지없다. 이러한 차이가 국가 발전의 차이로 이어지지 않기만을 바랄 뿐이다. 그렇다. 책은 인생의 중요한 디딤돌이다. 책을 통해 미래를 열어갈 수 있기 때문이다. 그렇다면 성경은 어떠한가? 성경을 읽는 청소년들이 얼마나 될까? "모든 성경은 하나님의 감동으로 된 것으로 교훈과 책망과 바르게 함과 의로 교육하기에 유익하니 이는 하나님의 사람으로 온전케 하며 모든 선한 일을 행하기에 온전케 하려 함이니라"(딤후 3:16-17)라는 말씀을 깊이 새겨보자. 고기를 잡아주는 것이 아니라 고기 잡는 방법을 알려줄 수 있는 가정이 되기를 바란다. 가을 문턱에 성큼 다가선 지금, 특별히 성경 안에서 솔로몬이 구했던 그 지혜를 발견하고 가르치는 축복된 가정이 될 수 있기를 바란다.

−김수연님의 "내 생에 단 한 번의 약속" 중에서 일부를 발췌하였습니다.

103년차 교단 부총회장
후보 연설문(2009년)

존경하는 103년차 대의원 여러분!

교회와 교단의 부흥과 발전을 위한 밑거름이 되고자 금번 103년차 교단 부총회장에 입후보한 기호 2번 원팔연, 먼저 대의원 여러분께 정중하게 다시 한 번 인사 올립니다.

존경하는 대의원 여러분!

과거 우리 교단은 한국을 대표했던 3대 교단 가운데 하나였습니다. 그때 우리 교단은 한국교계와 사회를 이끌어가는 리더의 자리에 있었습니다.

지금 우리가 해야 할 일은 과거의 영광을 다시 회복하는 일입니다. 그래서 저는 우리 교단의 희망은 무엇보다 교단 부흥이 되어야 한다고 생각합니다. 교단 사랑은 곧 교회를 부흥시키는 일입니다. 교회가 부흥해야 교단도 부흥합니다. 교단이 성장하면 한국교회도 달라집니다. 이 사회도 밝아질 수 있습니다.

저는 지금으로부터 24년 전, 모든 면이 안정되어 있던 정읍성결교회 담임목사직을 사임했습니다. 그리고 7명이 시작한 개척교회였던 지금의 바울교회에 부임했습니다. 많은 사람들이 이런 저의 모습을 보고 이해할 수 없다고 말했습니다.

그러나 그때 저는 미래를 보았습니다. 부흥을 꿈꾸며 새로운 도전을 시도했습니다. 그 결과, 하나님의 도우심으로 오늘의 바울교회를 이룰 수가 있었습니다. 바울교회는 지금도 계속 부흥하고 있습니다.

이제 교회를 통해 부흥의 역동을 맛본 그 감격과 목회의 박진감을 교단으로 옮겨 보고자 합니다. 지하 개척교회에서 오늘의 바울교회가 되기까지의 모든 경험을 가지고 교단의 부흥을 위해 최선을 다하겠습니다.

우리는 지난 2007년, 교단 창립 100주년 행사를 통해 교단의 위상을 높일 수 있었습니다. 성결 가족이 된 긍지와 자신감도 많이 회복할 수 있었습니다.

앞으로 2년 후인 2011년은 서울신학대학교 개교 100주년을 맞이하는 해입니다. 저는 서울신학대학교 100주년 행사를 성공적으로 잘 치러 교단의 위상을 높이고 교단 부흥을 이루는 기회로 삼아야 한다고 생각합니다. 그러기 위해서 학연과 지연을 초월하여 모든 성결인들이 하나가 될 수 있도록 거교단적인 지원을 하겠습니다.

감사하게도 하나님께서는 제게 지난 제18대 서울신학대학교 이사장직을 맡겨주심으로 서울신학대학교를 잘 알 수 있도록 해 주셨습니다. 그러기에 누구보다도 서울신학대학교 개교 100주년 행사를 잘 감당할 수 있는 적임자라고 자부합니다.

뿐만 아니라 저도 미자립 교회인 농어촌교회에서 목회를 했습니다. 그러기에 저는 작은 교회에 대한 지원에도 많은 애착과 깊은 관심을 갖고 있습니다. 작은 교회 목회자들의 연금, 자녀 교육, 최저 생계비, 재교육 등의 문제 등은 정말 우리가 심각하게 고민하고 해결해야 할 문제들입니다. 그런 어려운 문제들이 잘 해결될 수 있도록 최선의 노력을 하겠습니다.

또한 문준경 전도사님 순교기념관 건립을 위해서 전력을 다하겠습니다.

존경하는 대의원 여러분!

저는 잠을 자도 교회 부흥, 꿈을 꾸어도 교회 부흥, 항상 앉으나 서나 오직 교회의 부흥을 생각해 왔습니다. 물론 모든 것이 다 하나님의 은혜입니다만 정말 지금까지 부지런히 달려왔습니다. 그런 열정을 가슴에 품고 이제 교단을 위해 일해 보고 싶습니다.

말로만 외치는 공약과 정책이 아닙니다.

꿈으로만 그려본 그림도 아닙니다.

모든 성결인들이 함께 누릴 실제적 부흥입니다. 정말 일사각오의 자세로 교단을 위해 일해 보려고 합니다. 부디 교단을 향한 저의 열정이 이루어질 수 있도록 도와주십시오. 그리고 밀어주십시오.

결코 후회하지 않는 교단 심부름꾼으로서 혼신을 다하겠습니다. 이번에는 기호 2번 원팔연입니다. 대의원 여러분 감사합니다.

"사랑을 나누며
지역사회가 필요로 하는
교회가 되겠습니다."

신장질환 환우들의 수술비를 위해 2,000만원 기부함

성경에 보면 '오른손이 한 일을 왼손이 모르게 하라'는 말씀이 있습니다. 선행을 베풀며 자랑치 말라는 말씀입니다. '음덕양보 (陰德陽報)'라고도 했는데 작은 마음이 드러난 것 같아 오히려 부끄럽습니다. 더 많은 사랑을 지역사회와 이웃들에게 나누어 드리기 위한 채찍으로 생각하고 있습니다.

바울교회는 지역사회와 더불어 성장한 교회입니다. 27년의 짧은 역사를 가진 교회이지만 하나님의 은혜로 꾸준히 성장해 가고 있습니다. 바울교회는 그동안 호남 최고의 교회를 꿈꾸며 달려왔습니다. 성도 한 사람 한 사람이 열과 성의를 다해 헌신하며 교회를 발전시켜 왔습니다. 그러나 몇 년 전부터 우리에게는 새로운 변화가 시작되었습니다. 지금까지는 오직 한 가지, 교회의 부흥을 위해 달려왔다면 이제는 지역사회의 존경받는 교회로 전환해야 한다는 새로운 패러다임의 변화를 갖기 시작한 것입니다. 존경받는 교회란 지역사회가 필요로 하는 교회, 지역사회에 존재해야 할 이유가 있는 교회, 지역사회와 함께 호흡하며 아픔과 고통을 함께 감당하는 교회가 되는 것입니다. 이에 발맞추어 대 사회적인 프로그램들을 개발하고 실천하기 시작했습니다.

먼저, 교회 주변 일대의 독거노인들을 돕는 프로그램을 시작했습니다. 중고등부 학생들은 지역 독거노인 40여 분과 자매결연을 하고 매달 방문하며 생필품을 전달하고 있습니다. 또한 전주시와 협력하여 매주 1회씩 전주 시내 양로원 등을 방문, 중식을 제공하며 어르신들을 섬기는 프로그램을 실시하기도 했습니다. 또한 장애인 사역에도 그 활동 범위를 넓혀 가고 있으며 호스피스 사역을 통해 말기 암 환우들을 돌보고 또 재가복지 사역을 통해 지역의 어려운 분들을 돌보는 일도 전담 부서를 두고 활동하기도 했습니다. 여성 사역에도 관심을 갖고 두란노 어머니 학교를 본 교회에 유치하여 개최하고 있으며 지역주민들의 자아실현을 위해 문화센터를 개최하여 운영하고 있습니다. 또한 지역의 어려운 청소년들의 중식비를 제공하고 형편이 어려워 학업을 계속하기 힘든 청소년들에게 장학금을 제공하고 있습니다. 일련의 대 사회 활동들을 보다 전문화하고 체계화하기 위해 바울복지재단을 설립하여 운영을 준비 중에 있으며 지역사회와 함께 호흡하는 교회가 되기 위해 노력하고 있습니다.

금번에 신장질환으로 고생하는 환우들에 대한 소식을 듣고 어려운 환우들의 수술비로 사용할 수 있도록 전북대학병원에 작은 금액이지만 기쁜 마음으로 기부하게 되었습니다. 마땅히 감당해야 할 부분인데도 여러 지역주민들께서 칭찬을 해주셔서 오히려 부끄럽기만 했습니다. 그러나 그러한 칭찬들 속에는 지역사회와 함께하는 교회가 되기 위한 패러다임의 변화를 기대하는 마음들이 담겨져 있음을 느낄 수 있었습니다. 이러한 기부 문화가 더욱 활발하게 펼쳐져 아름다운 온정이 느껴지는 지역사회를 꿈꾸어 봅니다. 작은 기부이지만 지역사회를 위한 여러 좋은 일들을 더 많이 생각하고 실천해 가야겠다는 생각을 온 성도들과 공유하는 뜻 깊은 계기가 됐습니다.

바울교회는 우리 지역의 여러 부분들을 살피며 지역사회와 함께하는 교회가 되기 위해 더욱 노력하겠습니다. 더불어 신장질환으로 고생하는 환우들을 돌보게 될 전북대학병원의 수고와 노고에도 감사드립니다. 감사합니다.

군복무 중인
교회 청년들에게 보내며
편지글

아래 글은 군복무 중인 교회 청년들에게 성탄 선물을
보내며 함께 동봉한 편지입니다.

사랑하는 바울의 아들에게!

젊은 시절 교계의 존경하는 목사님과 인상 깊은 대화를 나눈 적이 있습니다. 한국교회를 위해 참 많은 일을 하셨고 여러 후배들에게 존경받는 분이셨습니다. "목사님, 건강을 유지하시는 비결이 무엇입니까?" 그분의 대답은 너무나 간단명료했습니다. "이 사람아, 하고 싶은 일만 하면 돼." 이 말을 듣고 주춤했습니다. '어떻게 사람이 하고 싶은 일만 할 수 있겠는가?' 그런데 그 뒷마디가 명답이었습니다. "이 사람아! 사람이 어찌 하고 싶은 일만 하겠나? 하기 싫은 일을 해야 할 때가 더 많지. 그러나 하기 싫은 일을 해야 할 때는 하고 싶다고 생각하면 돼!" 그 말씀을 듣는 순간 깨달음을 얻은 듯 마음 한편에서 새 힘이 솟아올랐습니다.

2년여의 군대생활! 어떤 이는 어쩔 수 없이 하는 이도 있고 어떤 이는 하기 싫지만 하고 싶다고 생각하며 내일을 위한 준비의 기간으로 삼고 이기며 나아가는 사람도 있을 것입니다. 바울의 귀한 아들이여! 당신은 어떤 사람입니까? 오늘 주어진 국방의 의무를 단지 의무 때문에, 어쩔 수 없어서 하고 있습니까? 아니요…. 이제 이 성탄을 맞으며 청운의 꿈, 하나님 나라에 대한 기대와 한국사회에 대한 영향력 있는 크리스천이 되기 위한 준비의 날들로 만들어 갈 수 있기를 바랍니다. 그대 뒤에 바울교회가 있으며 그대를 위한 중보의 기도가 오늘도 바울의 제단을 통해 우리 하나님께 올려지고 있음을 기억할 수 있기를 바랍니다. 오늘의 삶 속에 견디어 내기 어려운 과업이 주어져 있더라도 하기 싫다는 생각이 아니라 하고 싶다는 생각으로 강인한 자신을 만들어 주기를 바랍니다. 그리고 멋진 제복과 함께 당당한 예비군의 모습으로 바울제단에서 다시 만날 날을 기대해 봅시다. 내일을 위한 준비를 위해 게으르지 말고 촌음을 다툴 수 있기를 바랍니다. 하나님께서 주신 사명이 우리 각자의 삶의 자리에 있음을 기억합시다. 항구에 있는 배는 안전하지만 그것이 배를 만든 이유는 아닙니다. 죽음을 두려워하면 매일 죽으나 두려워하지 않으면 단 한 번밖에 죽지 않는다는 말도 있습니다. 접시를 닦다가 깨뜨리는 것은 용서해도 접시를 깨뜨릴까 봐 닦지 않는 것은 용서할 수 없는 일입니다. 속히 접시를 들 수 있기를 바랍니다.

바울교회의 천년을 이어갈 그 장대한 역사가 당신 앞에, 당신 어깨 위에 있음을 기억하고 인물이 되기 위해 분투하는 그리스도의 일꾼이 되기를 기대하며 아름다운 성탄의 소식과 함께 전우들과 함께할 수 있는 사랑의 선물을 보냅니다. 힘내시고 최선을 다하여 멋진 군대 생활을 즐길 수 있기를 바라며 사랑과 애정을 전합니다.

바울교회 청년! 그대를 믿노라!

2009년 12월
사랑의 마음과 함께 바울교회
원 깐연 목사가

2007년「교회성장연구소」의
취재 내용

1. 교회소개

　1982년 전주시 다가동 지하 8평에서 7명으로 시작한 바울교회는 세계선교, 영혼구령, 지역사회 봉사의 비전을 품고 모든 성도들이 한 마음 한 뜻으로 새벽기도회, 정오기도회, 석양기도회, 심야기도회 등 열심 있는 기도로 만들어진 교회이다. 1990년 사우디아라비아에 첫 선교사를 파송하고 중국에 진선교회를 설립하면서 우간다, 필리핀, 러시아, 네팔, 중국, 케냐 등 해외 22국에 39명의 선교사를 파송하고 지교회를 세워나가고 있다. 뿐만 아니라 유, 초등부로부터 대학 청년에 이르기까지 국내 및 해외 단기 선교를 매년 두 차례씩 실시하여 중, 장기적인 선교의 안목을 넓히며 차세대의 선교 일꾼을 양육하고 있다. 장년예배가 1부부터 4부까지 드려지고 있으며 5부 예배는 청년들과 새신자들을 위한 예배로 드려지고 있다. 또한 외국인을 위해 영어 예배와 중국어 예배가 드려지고 있다. 교육관에서는 유치, 유년, 초등, 중등, 고등, 사랑부가 하나님의 말씀으로 양육하고 있다. 신앙생활의 유대를 통한 예수공동체를 이루기 위해 육십 일개의 남, 여전도회를 구성하여 활발하게 활동하고 있다. 또한 각 구역 이름을 세계 나라와 도시 이름으로 편성하여 각 구역에서 선교사를 파송하고 교회가 세워지도록 기도하고 있다. 일곱 집사가 창립한 교회가 개척 24년 만에 전주의 기적, 한국의 기적을 낳는 급성장하는 교회가 되었다. 이제 전북의 5만 영혼을 향한 구원의 방주가 될 뿐 아니라 세계를 바울교회의 교구로 삼고 선교의 역량을 더욱 넓혀 가며 복음전파에 앞장서서 일하게 될 것이다.

2. 교회 역사 가운데 특징적으로 성장한 계기와 그 요인

바울교회의 성장의 특징적인 면은 크게 4가지로 말할 수 있다. 첫째, 담임목사의 충실한 말씀 사역과 목회 사역이다. 24년째 목회를 하고 있는 원팔연 담임목사는 지치지 않는 열정과 헌신으로 최선을 다하고 있으며 일관성 있고 강력한 성령의 역사를 경험케 하는 뜨거운 말씀을 선포하고 있다. 둘째, 풍부한 찬양 사역에 그 요인이 있다고 하겠다. 유치부 어린이부터 초등1, 2, 3부와 중등부, 고등부, 대학부, 청년부, 장년에 이르기까지 각 부서에 찬양팀과 워십팀이 구성되어 예배를 돕고 있으며 예수사랑, Sing to the Lord라고 하는 전문 찬양단이 만들어져 이들이 예배와 집회 등의 찬양을 뜨겁게 인도해 주고 있다. 이들을 통해 찬양이 풍성한 교회로 지역사회에 알려져 있다. 셋째, 뜨거운 기도의 모임이 다양하게 성도들에게 제공되고 있다. 새벽예배뿐 아니라 매일 정오에 드려지는 정오기도회, 매일 석양에 드려지는 석양기도회, 매일 심야에 드려지는 심야기도회, 매주 금요일에 드려지는 철야예배 등이 있으며 이 기도회는 교역자가 말씀을 함께 선포하며 기도회를 인도하고 있으며 각종 선교회와 남, 여전도회(선교회) 등에서는 평신도 중심으로 매주 한 차례 이상 기도 모임을 갖는 등 각종 기도회가 풍성하게 진행되고 있어 위기에 처한 성도들이 언제든지 교회에 달려가 말씀을 듣고 기도할 수 있다는 신앙적 안정감을 갖게 하는 등 적극적인 목회를 통해 성도들을 돌보고 있다. 넷째, 선교 지향적 교회를 표방하며 300개의 해외 지교회와 300명의 선교사를 파송하기 위해 달려가고 있다. "세계는 바울교회의 교구이다."라는 표제 아래 모든 기관과 선교회 및 교구가 협력하고 기도하고 있다. 각 구역의 이름은 세계의 나라 이름을 중심으로 편성하여 구역예배 시간마다 선교사 파송과 복음화를 위해 기도하고 있으며, 유치부에서부터 각 교육기관에서도 개인 선교헌금이 활성화되어 있어 각 부서에서 선교사를 파송하거나 지원하고 있다. 교회적으로도 선교비로 전체 예산의 30%이상을 사용하고 있기에 바울교회를 등록한 교인들은 모두 선교를 꿈꾸며 선교하는 가정과 개인이 되기 위해 기도하게 되고 이러한 선교 지향적 신앙관은 바울교회의 성장의 원동력이 되고 있다.

다섯째, 바울교회는 인터넷 및 영상물을 목회에 효율적으로 도입하고 있다. 예배 갱신을 통해 영상을 예배에 적극적으로 동원하여 광고와 말씀 낭독에 접목하였을 뿐 아니라 장로님들의 주일예배 기도를 없애는 등 새로운 시도를 통해 끊임없이 변화하는 교회의 모습을 제시하고 있다.

현재는 성장하고 부흥하는 교회 공동체에서 존경받는 교회, 지역사회가 필요로 하는 교회로 전환하기 위한 패러다임의 변화를 꿈꾸며 복지재단을 설립하였으며 경로대학과 문화센터 등 대 사회 프로그램을 적극 개발하여 지역사회의 믿지 않는 이들에 대한 적극적인 접근을 모색하는 등 다양한 성장의 원동력을 만들어 가고 있다.

그러나 바울교회의 성장의 원동력이 무엇이냐고 한마디로 일축한다면 담임목사 이하 모든 성도들은 '하나님의 은혜입니다.'라고 말하고 있다.

3. 타교단 목회자들이 참조하고 배울 만한 바울교회의 노하우

바울교회를 통해 배울 점이 있다면 담임목사의 지치지 않는 체력과 열정이다. 외부 부흥회를 마치고 혹은 해외 선교지를 방문하고 교회에 돌아오면 새벽 1, 2시가 될 경우가 다반사이다. 그러나 피곤하다는 이유로 새벽예배를 쉬는 경우가 없다. 선교지를 갔을 때도 일정을 앞당겨 해야 할 일들을 마친 뒤 즉시 귀국하는 경우가 많다. 또한 성도들의 심방을 위해서는 밤낮을 가리지 않고 성도의 요청을 받아들이고 있으며 원거리 성도들을 위해서는 새벽예배를 마친 후 비록 한 사람일지라도 서울로, 부산으로 심방을 다녀온 경우도 많다. 다시 말해 시간의 사용을 성도와 목회 중심에 철저하게 맞출 뿐 아니라 아껴서 사용하는 모습을 보여준다. 이런 열심과 열정이 성도들에게 무한한 신뢰를 만들어 내고 있으며 이러한 신뢰의 바탕은 목회적 집중력의 산실이 되어 성도와 교역자가 유기적으로 움직이는 좋은 매개체가 되고 있다. 이러한 신뢰는 성도를 살릴 뿐 아니라 목회를 역동적이게 만들어 교회의 부흥과 성장의 원동력이 된다. 철저한 말씀 준비와 기도생활, 그리고 일을 함에 있어 열정을 가지고 도전하는 자세에서 성도들은 지도자의 모습을 발견하고 지금까지 따르고 있다. 이런 바울교회를 한마디로 말하면 좋은 프로그램으로 성장한 교회라기보다는 전통적인 교회의 본질에 충실하여 부흥한 교회라고 할 수 있다. 목회자가 하고자 하는 일이 이런 신뢰의 바탕 위에 펼쳐지는 교회이기에 역동적으로 움직이며 부흥의 불길을 만들어 내고 있다. 좋은 프로그램을 통해 부흥하였다기보다는 목회자와 성도의 신뢰, 목회자의 열심, 그리고 목회자의 소신이 펼쳐질 수 있는 환경이 곧 부흥을 불러일으키고 성도의 삶을 신앙으로 인도하고 있다. 바울교회는 교회의 본질에 충실한 교회이다. 교회의 본질에 충실한 모습을 바울교회를 통해 찾아볼 수 있기를 바란다.

2008년 8월「기독교사상」
취재 내용

전주 다가동에서 7명의 성도로 시작한 기독교대한성결교회 바울교회는 올해로 교회 창립 25년, 1만여 명의 성도 '복음의 방주'로 전주의 기적, 한국의 기적을 일구어 냈다.

이제 스물여덟 청년으로 성장한 바울교회는 교회를 넘어, 한국 개신교단에서 '존경받는 교회'로 자리를 잡았다. 교회 성장의 원동력은 원 목사의 복음 사역에 대한 지치지 않는 뜨거운 선교 열정과 '성도의 길은 무엇인가'라는 줄기찬 하나의 메시지에 의한 방향성 제시 등 그의 리더십에 힘입은 바 크다.

거기에다 풍부한 찬양 사역, 뜨거운 기도모임, 해외 지교회 개척을 통한 선교 지향성, 인터넷 및 영상 목회 적극 도입, 외국인을 위한 영어 및 중국어 설교 등이 오늘의 바울교회 성장의 밑거름이 됐다.

바울교회 창립 목표는 "세계는 바울교회의 교구다"에 나타나 있는 것처럼 세계 선교에 초점이 맞추어져 있다. 이에 따라 바울교회는 24개 나라에 40명의 선교사를 파송하고 있으며, 앞으로 300명의 선교사와 300개의 해외 지교회 설립을 목표로 선교와 전도에 박차를 가하고 있다.

특히 아프리카 우간다 쿠미대학을 국제기아대책기구와 공동으로 운영하고 있으며 중국, 필리핀, 우간다, 케냐 등에 교회를 개척하고 있다.

또한 지역사회에서 존경받는 교회로 성장하기 위해 각종 사회봉사 프로그램을 운영하고 있는데 주사랑 봉사단, 호스피스, 경로대학, 독거노인 및 아픈 이들의 집을 찾아 봉사하는 재가복지사업, 초등학교 중식지원 등을 거르지 않고 펼치고 있다.

원 목사는 이러한 교회 사역에 대해 "하나님은 최고보다 최선을 원하시며 그 길은 성실에서 이루어진다." 하며 "하나님은 오늘도 교회가 부흥하기를 원하시고 있다는 믿음과 신념으로 나스스로가 쉬지 않고 부지런히 달려간다."고 말한다.

바울교회 성도들 사이에선 원 목사의 '최선과 성실'의 신념에 대해 "부흥회를 마치고 새벽 1, 2시에 돌아오신 피곤함 가운데서도 새벽기도를 주관하시면서도 늘 생기와 열정에서 최선을 다하시는 모습, 그리고 성실함을 볼 수 있다."라고 이구동성이다.

평생 선교와 전도에 꿈이 있다는 원 목사는 기독교의 화합에 대해서도 남다르다.

"이단만 아니라면 어느 개신교와도 교류하고 협력하며 강단 교류도 꾸준하게 할 것"이라며 "하나님 앞에 모든 교회가 하나 되는 날을 위해 기도하고 있다."고 강조한다.

"교회에서 뿐 아니라 이웃들과의 삶의 자리에서 성실과 최선을 다하여 그리스도의 빛을 발할 때 교회의 위상이 높아지고 예수의 참 가치가 드러날 것"이라는 원 목사로부터 예수 부활절의 의미와 성도는 어떻게 믿음 생활을 해야 하는지 등을 들어보았다. 지난 15일 오전 바울교회 담임목사실에서 그를 만났다.

＊ ＊ ＊

Q.   짧은 기간 괄목할 교회 성장의 비결은 무엇입니까?

A.   성도들은 담임목사의 설교 사역에서 그 성장의 비결을 찾기도 합니다만 제 자신은 무엇보다 하나님의 은혜라고 생각합니다. 하나님께서 은혜를 주셨기에 바울교회는 이렇게 성장할 수 있었습니다.

또한 성도들의 열심이라고 생각합니다. 담임목사의 목회 방침과 교회가 제시하는 신앙의 여러 면모를 신뢰하며 따라준 결과입니다. 바울교회는 하나님의 은혜와 성도의 열심으로 이루어진 교회입니다.

Q. 기독교에서는 부활절을 큰 절기로 섬기고 있습니다. 예수 그리스도 부활의 의미는 무엇인지요?

A. 부활은 우리의 죄악을 지신 주님이 사망의 그늘 아래 있는 것이 아니라 사망 권세를 이기고 다시 살아나심을 의미하는 것입니다.

그러나 부활은 단순히 예수 그리스도 개인의 다시 사심이 아니라 모든 그리스도인이 다시 살아남을 의미합니다. 이것은 심판이 있은 후 다시 사심을 의미할 뿐 아니라 오늘 우리의 삶의 현장에서 쓰러질 수밖에 없는 우리의 삶이 날마다 다시 부활할 수 있다는 소망의 메시지입니다.

그러므로 모든 그리스도인은 현실의 삶의 어려움과 실패가 있더라도 부활의 주님을 바라보며 오늘 나도 부활할 수 있다는 소망을 가지고 모든 삶을 슬기롭게 이끌고 가는 것이 부활의 의미입니다. 실수는 있을 수 있으나 실패는 없고 더디 감은 있을 수 있으나 포기는 없어야 합니다. 이것이 오늘 우리에게 주시는 주님의 메시지입니다.

Q. 그렇다면 예수 그리스도의 참 가치가 오늘에 드러나려면 어떻게 해야 합니까?

A. 로마 시대에 기독교가 국교가 되기까지의 과정은 참으로 험난한 과정이었습니다. 핍박과 고난의 시대를 이겨낼 수 있었던 것의 바탕은 성도 한 사람 한 사람 개인이었습니다. 성도들이 각자 삶의 자리에서 최선을 다해 그리스도인으로서 살아갔기 때문입니다.

오늘 한국교회의 안티 그룹들이 많이 있습니다. 한국교회의 권위에 도전하는 이들을 비판하거나 나무라는 것이 방법일 수는 없습니다. 우리 성도들이 각자의 맡은 직분에 대하여 최선을 다하여 살아가야 합니다. 교회에서 뿐 아니라 직장에서, 학교에서, 이웃들과의 삶의 자리에서 성실과 최선을 다하여 그리스도의 빛을 발할 때 교회의 위상은 다시 높아지고 예수 그리스도의 참 가치가 드러납니다.

삶의 자리에서 최선을 다하는 한 사람이 한국교회를 변화시킬 수 있는 원동력입니다.

Q. 각 교회마다 지금 사순절 묵상과 기도회가 한창입니다. 사순절과 부활의 의미는 무엇일까요?

A. 사순절은 부활절로부터 역산하여 주일을 뺀 40일간을 말합니다. 이 기간에 모든 그리스도인은 삶의 자리를 좀 더

경건하게 유지하며 십자가와 주님의 고난을 묵상합니다. 그래서 오락을 삼가고 육식을 삼가기도 하고 삶의 자리를 정결하게 유지하며 묵상에 힘씁니다.

십자가의 길은 죄 없으신 하나님께서 친히 우리처럼 되어주셔서 우리를 대신하여 죽음으로 가신 고난의 길입니다. 죄 없으신 예수님이 죄인처럼 되어주심 그 자체가 은혜이고 감사한 일입니다. 이러한 예수님의 십자가의 길은 그리스도인에게 많은 것을 제시해 줍니다. 특별히 하나님 나라를 위해 우리는 세상에서 이유 없는 고난을 받아야 할 때가 많습니다.

그러나 이런 고난을 이겨내고 감당할 때 전도의 문이 열리고 선교의 문이 열리는 경우가 허다합니다. 세상 사람들처럼 대항하고 항변하고 쟁취하면 결코 하나님 나라를 향한 문은 크게 열리지 못합니다. 이런 면에서 예수님의 십자가의 길은 우리 그리스도인들이 세상 가운데 살면서 복음을 위해 무엇을 해야 하는지를 알려주는 중요한 지표입니다. 사순절은 이러한 깊은 뜻이 숨겨진 예수 그리스도의 고난을 묵상하며 내 자신의 십자가의 길을 찾는 기간입니다. 그러므로 더 깊은 묵상과 기도가 있어야 하며 나의 의지가 아니라 하나님의 의지를 내 삶 속에서 찾아내야 합니다.

Q. 성탄에 비해 부활절이 축소된 느낌을 받는 이유를 어떻게 설명할 수 있을까요?

A. 성탄은 축하의 날입니다. 물론 부활절도 마찬가지입니다. 그러나 성탄은 온 백성에게 전해지는 기쁨의 소식이며 축하의 소식입니다. 성탄 전에도 후에도 이 축하는 계속됩니다.

그러나 부활절은 다릅니다. 축하와 격려 속에 기쁨과 즐거움이 있는 것이 아니라 부활에 앞서 고난의 자리를 돌아보고 주님의 십자가의 길을 깊이 묵상하며 그리스도인의 자존감을 재확인하는 기간이기 때문입니다. 고난 주간을 통해 그리스도인으로서의 자신의 위치를, 그리고 교회의 위치를 점검하며 자신을 낮추어 가는 기간이 40여 일에 거쳐 있기 때문에 이 기간은 교회와 성도만의 특별한 시간이며 세상과는 분리된 시간입니다.

그러므로 부활절이 더 축하를 받지 못하는 것이 아니라, 또한 화려하지 못한 것이 아니라 교회와 성도가 하나님과 깊은 교제를 하는 기간이기에 더욱 중요하고 소중한 시간입니다. 부활절은 크고 화려하기보다는 자기를 낮추고 겸손한 자신을 확인하는 내적 기간이기에 외형적인 축하보다는 내적 성숙을 이루어내는 낮아짐의 기간입니다. 그래서 성탄절에 비해 축소되어 보이지만 결코 작은 절기가 아닙니다.

Q. 목사님과 전북 지역 교계에 대해 어떻게 생각하고 있는지요?

A. 하나님의 은혜가 아니면 한시도 살아갈 수 없는 작은 사람입니다. 아무리 생각해 봐도 하나님의 은혜가 아니고서는 오늘 저와 바울교회는 있을 수 없었습니다. 더욱 겸손하고 섬기는 목사가 되기를 원하지만 그렇지 못하는 경우도 많은 것 같아 항상 빚진 자의 마음입니다. 부족한 사람을 위해 기도해 주시기를 부탁드립니다.

전북 지역은 타 지역에 비해 소외받고 외면받았던 지역이라고 할 수 있습니다. 정치 경제적으로 뿐 아니라 사회 문화적으로도 그렇다고 할 수 있습니다. 경제가 낙후되어 있어 우리의 젊은이들이 고향에서 정착하지 못하고 있습니다. 기업들도 전북을 찾는 데 피동적이며, 정치적으로도 홀대를 받았습니다. 그래서 도민들의 마음속에 공공연하게 이런 소외에 대한 의식이 숨겨져 있는 것 같습니다. 이런 소외된 마음에 희망을 불어넣고 위로와 격려를 통해 소망을 안겨준 것이 전북 교계라고 생각합니다.

어느 누구도 관심을 갖고 실천하지 못했던 재래시장 살리기 운동에 교계가 앞장서서 나아가 전주시와 협력하였던 것이라든지 새만금에 대한 각별한 관심과 기도는 전북의 성장 원동력을 새롭게 만드는 데 지대한 역할을 했음을 말할 수 있습니다. 또한 소외된 계층들을 돌보는 사회복지적인 측면에서도 교회가 다년 앞장서서 일했다고 생각합니다.

그러나 이러한 일들이 결코 드러나기보다는 묵묵히 교회가 사회의 버팀목처럼 자리했다고 생각합니다. 전북 교계는 이러한 일들을 앞으로도 최선을 다해 감당해야 할 것입니다.

특별히 올해는 교계 내의 문제점 가운데 하나인 이단 세력에 대한 발 빠른 대처가 있어야 하겠습니다. 건강한 교회가 건강한 사회의 초석입니다. 교회를 파괴하기 위해 슬며시 들어오고 있는 이단 세력들에게서 성도를 보호하는 일은 교회를 지키는 일뿐 아니라 이 사회를 지켜내는 일입니다. 교회는 바로 전북의 희망이며 소망이고 버팀목입니다. 우리는 이 일을 묵묵하게 감당해야만 합니다. 이것이 전북의 지역 교회로서 주어진 하나님의 사명입니다.

Q. 전주시기독교연합회 및 전북기독교연합회의 활동에 대해서 의견을 피력하신다면?

A. 전주시나 전북기독교연합회는 교회 연합을 통해 교단을 초월하여 하나님의 거룩한 뜻을 효율적으로 이루기 위함

입니다.

　그러나 각 교단간의 특성과 관점의 차이로 인해 다소 협력이 어려운 경우가 있었습니다. 그래서 전주시기독교연합회를 이끌면서 가장 중점을 두었던 것은 사업에 앞서 연합이었습니다. 교단간의 벽을 허물고 하나님의 거룩한 뜻을 위한 연합을 위해서는 무엇보다도 목회자간의 교류와 협력이 필요하다고 봅니다. 그래서 교단간의 벽을 허물 수 있는 여러 방안들을 통해 교역자간 교류를 활성화시켰습니다. 이런 노력으로 인해 부활절연합예배나 재래시장 활성화 운동 등 각종 사업에 큰 성과가 있었습니다.

　사업보다도 연합을 먼저 이루면 사업은 자연스럽게 잘 진행되고 효과를 나타내게 됩니다. 그래서 전북기독교연합회를 2008년도에도 이끌게 될 텐데 이러한 점에 중점을 두고자 합니다. 교단간의 벽을 허물고 교역자들의 활발한 교류를 통해 교회의 거룩한 연합을 이루고 결국 연합 사업으로 이루어야 할 교회의 책임과 직무에 최선을 다할 수 있도록 할 것입니다.

Q.　교단의 화합을 먼저 생각하신다고 들었습니다. 교단 교류에 대해서는 어떻게 생각하십니까?

A.　교단간 교류는 복음에 위배되지 않는 한에서 모든 교단이

문을 열어야 한다고 생각합니다. 바울교회의 경우 교단 강사만이 아닌 초교파적인 강사들을 거의 매주일 모시고 있습니다. 이미 전주시에서도 여러 교회의 교역자들이 바울교회를 다녀갔고 또 다녀가게 될 것입니다. 이단이 아닌 이상 복음을 위해서는 그 어떤 분도 하나님의 복음을 강단에서 외칠 수 있다고 생각합니다. 이런 강단 교류가 전주와 전북의 교회들에서 활발하게 진행되어 복음의 본질을 위한 협력이 지속될 수 있기를 기대합니다.

Q. 새롭게 출범한 정부에 바라는 것이 있다면 무엇인가요?

A. 이명박 대통령님은 교회의 장로입니다. 그 누구보다 성실하고 바르고 정직하게 정부를 이끌어 교회의 위상을 높일 뿐 아니라 하나님께 영광을 올려드리는 그런 지도자가 되기를 바랍니다. 그러기 위해서는 무엇보다 성도들의 중보의 기도와 참여가 필요합니다.

＊ ＊ ＊

원팔연 바울교회 담임목사는 지난 1965년 입신하고 2년 뒤에 이대준 목사로부터 세례를 받았다. 목사안수는 1980년. 올해로 만 28년으로 바울교회 나이와 같으며 시무는 삼천포 신흥교회 전도사를 시작으로 전주지방 전주교회(부목사), 정읍교회(담임목사)를 거쳐 전주바울교회 당회장을 맡고 있다.

현재 기독교대한성결교회 부흥사협의회 공동의장, 서울신학대학교 대학원 동문회 부회장, 서울신학대학교 후원회 부회장, 서울신학대학교 이사장을 맡고 있다.

가족으로는 사모 이은옥님과의 사이에 의상디자이너로 활동하고 있는 아들 동력씨, 딸 선경씨를 두고 있다. / 김진구 기자